CÓMO ESCRIBIR CORRECTAMENTE

Santyago Moro

CÓMO ESCRIBIR CORRECTAMENTE

Colección
PARA TODOS LOS PÚBLICOS

© Santyago Moro Artalejo
© JORGE A. MESTAS EDICIONES, S.L.
Avda. de Guadalix, 103
28120 Algete, Madrid
Tel. 91 886 43 80
Fax: 91 886 47 19
E-mail: info@mestasediciones.com
www.mestasediciones.com
http://www.faceboox.com/MestasEdiciones
http://www.twiter.com/#!/MestasEdiciones

Imagen de portada bajo licencia Shutterstock
Autores fotografías: M. Stasy y balein

Director de colección: Raül Pere

Primera edición: *Enero, 2014*

ISBN: 978-84-92892-36-5
Depósito legal: M-27693-2013
Printed in Spain - Impreso en España

Reservados todos los derechos. Cualquier forma de reproducción, distribución, comunicación pública o transformación de esta obra sólo puede ser realizada con la autorización de sus titulares, salvo excepción prevista por ley.
Diríjase a CEDRO (Centro Español de Derechos Repográficos - www.cedro.org), si necesita fotocopiar o escanear algún fragmento de esta obra.

INTRODUCCIÓN	9
¿Qué pretende este manual?	9
Por qué escribir bien	10
¿Se escribe de distinta manera según el medio utilizado?	11
El lenguaje escrito frente al lenguaje hablado	12
¿Muchos términos "raros" y complicados de asimilar?	13
Somos alrededor de 500 millones	14
Un hábito que ningún manual podrá sustituir	15
A quién va dirigido	15
Cómo leerlo	16
ALGUNOS CONSEJOS DE PUNTUACIÓN	17
Signos de puntuación	17
La importancia de una coma	23
Cuando la coma precede al "que"	24
Uso incorrecto de la coma tras el sujeto	25
Exclamación e interrogación	26
Los puntos suspensivos (ni dos ni cuatro; siempre tres)	28
Puntos suspensivos en interrogaciones o exclamaciones: ¿dónde ponerlos?	28
–Diálogos –dijo él–. Hablemos de la puntuación en ellos	29

UN PAR DE CLÁSICOS PARA CONTINUAR 33
Ahí hay un hombre que dice "¡ay!" 33
"Vaya", "valla" y "baya" 34

LA TILDE: NORMAS, EXCEPCIONES Y TRUCOS 35
¿Es necesaria la tilde? 35
Reglas generales 36
La tilde en monosílabos 37
Diptongos en palabras agudas 37
"Solo", "esta", "este", "aquella" 38
"Tú", "tu", "mí" y "mi" 39
"De" y "dé", "se" y "sé" 40
"Aun" y "aún" 40
"Sí" y "si" 41
"Él" y "el" 42
"Cuando", "que", "como", "quien",
"donde", "adonde" y "cuanto" 43
"Más" y "mas" 46
La tilde en los adverbios acabados en "mente" 46
Palabras compuestas 47
"Te" y "té" 48
Mayúsculas 48
Extranjerismos 49
Abreviaturas 50

VERBOS Y SUS COMPLEMENTOS: ERRORES A CORREGIR 51
"Debe… ¿de?" 51
"Haber" y "a ver" 51
"Ha habido" / "han habido" 52
"Habría" y "hubiera" 53
"Habemos" 55
Uso del infinitivo en lugar del imperativo 56

UN POCO DE TODO 57
"Por qué", "porque", "por que" y "porqué" 57
Nombres femeninos que empiezan por "a" 58

"Sino" y "si no"	60
Números cardinales	61
"De que"	61
Sencilla regla para LE / LA / LO	62
Uso de los prefijos	63
¿"Detrás de mí"? ¿"Detrás mío"?	64
¿"Sobretodo" o "sobre todo"?	65
Participios dobles	66
Organismos oficiales	66
Nombres de naves, buques o vehículos	67
Gentilicios e idiomas	68
Días de la semana, mes y estaciones	68
"Entretanto" y "entre tanto"	69
"m" antes de "b" y "p"	70
Siglas y acrónimos	70
Escribir no es lo mismo que hablar	71
VULGARISMOS Y PALABRAS O EXPRESIONES MAL FORMADAS, INCORRECTAS O MAL UTILIZADAS	**73**
NO A LAS CONFUSIONES	**93**
PALABRAS CON DISTINTO SIGNIFICADO SEGÚN EL PAÍS O REGIÓN	**107**
REGLAS PARA EL USO DE LA "B" Y LA "V"	**115**
REGLAS PARA EL USO DE LA "H"	**123**
REGLAS PARA EL USO DE "Y" Y "LL"	**125**
REGLAS PARA EL USO DE "G" Y "J"	**127**
ALGUNOS LATINISMOS DE USO MÁS FRECUENTE	**131**
QUEREMOS ESCRIBIR UN RELATO O UNA NOVELA	**139**
De la idea al teclado	139
Relato o novela	140

Personajes 142
Acción, géneros, estilo 143
Cómo afrontar los diálogos 144
Abreviaturas en los diálogos 145
Los capítulos: ¿para qué sirven? 146
Lo que no debemos hacer 147

OTROS MEDIOS, OTRAS FORMAS DE ESCRIBIR 149

Poesía 149
Cartas y correos electrónicos 151
Documentos 152
Foros, listas de correo, etc. 153
Medios con limitación de caracteres o escritura desde dispositivos móviles 153

GLOSARIO DE TÉRMINOS MÁS COMUNES RELATIVOS A LA ORTOGRAFÍA 155

CONCLUSIÓN, FUENTES DE CONSULTA Y AGRADECIMIENTOS 189

Páginas web 190
Consulta en papel 190

Introducción

¿QUÉ PRETENDE ESTE MANUAL?

Lo primero que puede pensarse es que hay infinidad de manuales y guías de este tipo. Es cierto, pero también lo es que, en ocasiones, van dirigidas a lectores con una base o una formación mínima, utilizando términos y conceptos que pueden no conocerse o, como en mi caso, es probable que los hayamos olvidado hace tiempo.

El germen de este proyecto surge a partir de un blog en el que pretendía ayudar a escribir mejor o resolver dudas casi a cualquiera, evitando términos demasiado específicos y aportando ejemplos y trucos fáciles de aplicar en el día a día.

Para leer o consultar este manual, únicamente hay que tener ganas de expresarse un poco mejor en español, sea cual sea la procedencia del lector, pues trata cuestiones y normas generales, comunes a cualquier hispanohablante.

No abarca todo (sería imposible en un formato tan manejable como el que tenemos entre las manos), pero sí aquellos errores o dudas más habituales que he ido encontrando o me han planteado con más frecuencia.

POR QUÉ ESCRIBIR BIEN

Ay ke venir ha balenzia hin-dependíentemente de hel tras porte helejido.

Aunque el ejemplo sea extremo (confío en que ningún lector escriba así), puede hacernos pensar en un aspecto sobre el que no suele reflexionarse: no solo se escribe bien por una serie de convenciones o costumbres que permiten comprender sin ambigüedades lo leído y saber pronunciarlo correctamente, sino que, también, facilita que nuestro cerebro interprete más rápidamente la "foto" que tenemos almacenada de cada palabra.

Es decir, cuando vemos la palabra "elegido" la comprendemos inmediatamente, de un vistazo, mientras que, para leer "helejido", necesitamos un esfuerzo adicional que puede hacer que perdamos la concentración si los errores se repiten con frecuencia.

Por decirlo de alguna manera, sería como escuchar música interpretada con instrumentos desafinados, ver la televisión con interferencias o seguir atentamente lo que dice alguien con un acento muy cerrado, que habla muy bajo o no vocaliza de forma inteligible. Se trata, ni más ni menos, de mejorar la comunicación y facilitar a nuestro receptor la tarea de comprendernos.

Imaginemos que nuestra pareja nos pregunta por escrito "¿vas a abandonarme?" y probamos a jugar con una simple coma:

> **No te quiero.**
>
> **No, te quiero.**

En resumen: una coma (o su ausencia) puede decidir nuestro futuro amoroso, del mismo modo que un par de tildes pueden convertir una oferta para niños y sus madres en un ofrecimiento poco decoroso:

Durante todo el día de hoy, bebés y mamás gratis.

Durante todo el día de hoy, bebes y mamas gratis.

Aunque solo sea por evitar malentendidos o hacernos entender bien, merece la pena, ¿no?

¿SE ESCRIBE DE DISTINTA MANERA SEGÚN EL MEDIO UTILIZADO?

Se trata de hacerse comprender, no de seguir a rajatabla un montón de reglas aunque estemos utilizando el teclado diminuto de un teléfono móvil (celular, en Hispanoamérica).

Tan extremo es utilizar tal cantidad de abreviaturas que haga imposible saber qué estamos intentando decir como pretender poner todas las tildes y signos de puntuación en una conversación a través de mensajería instantánea. Hay que ser práctico, no inflexible. En este caso, ser ortodoxo puede resultar perjudicial para la comunicación, pues perderíamos agilidad a la hora de comunicarnos.

Cada uno tiene que saber dónde termina su comodidad y dónde empieza la necesidad de hacernos comprender con facilidad por nuestro interlocutor, y tenemos que sabernos adaptar al medio que estamos utilizando, siendo más exigentes con nuestra forma de escribir según utilizamos un método más o menos amigable de comunicarnos y tenemos más tiempo para redactar lo que pretendemos expresar.

Lo que sí es cierto es que no tiene sentido enviar o entregar un escrito por motivos de trabajo, un original o un documento, por ejemplo, y no cuidar al máximo la ortografía y evitar expresiones escritas que sí incluiríamos en un correo electrónico a un amigo, una entrada de Facebook, etc. Sería el equivalente a cómo hablamos con los amigos frente a cómo lo haríamos en una reunión o ante un cliente.

Desde luego, en escritos que pretendemos publicar o que van a ser difundidos por algún medio, no debemos incluir interjecciones inventadas, onomatopeyas y demás "adornos":

Jajajeje / ja, ja, ja / hum o humm / ¡Juas! / ¡Puaf! / ¡Pss! / ¡Olé! / Quéeeeeeee?!!!!...

Dejémoslo para las redes sociales, correos electrónicos a conocidos, etc.

EL LENGUAJE ESCRITO FRENTE AL LENGUAJE HABLADO

No se escribe igual que se habla, ni tampoco se habla igual que se escribe.

El lenguaje escrito es, en general, más formal que el hablado. En cuanto a los signos de puntuación, por ejemplo, no solemos pronunciarlos todos, lo cual no quiere decir que no haya que escribirlos ni que exista, por llamarlo de alguna manera, una forma de escribir menos formal o más de "andar por casa". Lo escrito es más estándar; luego ya le daremos cada uno la entonación que la situación requiera.

Del mismo modo, no es conveniente trasladar al lenguaje escrito las variaciones propias de cada región o cultura, tales como el seseo o el ceceo, más relacionadas con la pronunciación que con la diversidad del lenguaje. Sí se trasladan al lenguaje escrito formas de expresarse o evoluciones de las palabras ya consolidadas, como podría ser el caso de "video" (pronunciado como "vidéo", diferente de "vídeo"), palabra aceptada y de amplio uso en Latinoamérica.

Del mismo modo, los personajes de una novela "hablan" más correctamente que si lo hicieran al natural. A veces, se hace referencia a un acento o forma de hablar, pero, para que se lea con fluidez, no se transcriben literalmente acentos o vicios en el habla, pues ello haría que nos costase más concentrarnos en lo que realmente importa, que es, en este caso, la trama y el ritmo de la novela.

¿MUCHOS TÉRMINOS "RAROS" Y COMPLICADOS DE ASIMILAR?

Demostrativo, participio, morfema, complemento directo, acento prosódico, anfibología… Tranquilo, no te agobies, que se puede aprender a escribir mucho mejor sin dominar por completo la "jerga" y sin conocer el significado de todas esas palabras que más de una vez han provocado que abandonases un intento de comprender por qué se escribe de una manera y no de otra.

Procuraremos ilustrar con ejemplos, poner a tu alcance trucos y, si a pesar de ello necesitas ayuda, al final del manual hay un pequeño glosario "de emergencia", con los términos más habituales y, cómo no, abundantes ejemplos.

Para empezar, basta con saber lo que es una palabra, una oración, un verbo... Poco más, porque cualquier otro término lo encontrarás en el glosario.

Cuando escribes, partes de palabras formadas por morfemas (sufijos, prefijos, raíz...); las palabras forman expresiones u oraciones completas, y estas se encadenarán hasta formar párrafos, que construirán capítulos... hasta llegar a la obra, el documento o el texto con el que hemos logrado o no transmitir de forma sencilla y amena aquello que pretendíamos.

Y todo ello (tu escrito; desde un simple correo electrónico hasta una obra completa) podrá estar escrito más correctamente sin que por ello tengas que ser un experto ni aprenderte mil reglas y nombres complejos.

SOMOS ALREDEDOR DE 500 MILLONES

Hay muchas excepciones, muchos usos que varían según nuestro origen, así que procuraremos repasar las normas y reglas básicas, no entrando a valorar el estilo, giros ni expresiones propias de cada país.

Seguro que hay alguna excepción o algún significado distinto de alguna palabra o expresión. Espero que, en ese caso, el lector sepa perdonar el olvido o la confusión y tenga en cuenta la enorme riqueza de nuestro idioma común.

Precisamente por esta diversidad, con el fin de ilustrarla, servirnos de ayuda y (cómo no) divertirnos un poco con el idioma, podrás encontrar un apartado especial con algunas de las palabras que tienen distintos significados según el país, principalmente aquellas que pueden dar lugar a anécdotas embarazosas o graciosas.

UN HÁBITO QUE NINGÚN MANUAL PODRÁ SUSTITUIR

No hay secretos: la mejor manera de escribir bien, por mucho que ayudas como esta puedan servirnos de apoyo o consulta, es LEER.

Además de que es la mejor forma de irnos acostumbrando a cómo se escribe y de ir educando nuestro cerebro. Tal y como escuché decir hace tiempo, **leer es no limitarse a vivir una única vida**.

Hay que convencerse que la lectura es uno de los vicios más agradables y saludables que existen…

A QUIÉN VA DIRIGIDO

Ni a escritores, ni a eruditos, ni a profesionales de un campo en concreto… Cualquiera puede tener la necesidad de expresarse más correctamente al escribir.

Puede que tengas la inquietud de escribir poesía, narrativa o artículos y te hayas dado cuenta de que ello implica expresarte correctamente.

O… ¿Por qué no? También he encontrado en estos años amigos que solo pretenden escribir un poco mejor o resolver dudas.

Algunos consejos y normas podrán parecer demasiado obvios o básicos, pero es inevitable si se quiere abarcar un amplio espectro de lectores y llegar a todo el mundo. Si es tu caso, ten paciencia, por favor.

No se trata de lograr la perfección (puede que incluso este manual siga teniendo erratas o algún error después de mil y una correcciones), sino, simplemente, de cuidar la comunicación escrita y, ya de paso, mimar también esta bella lengua que es el español.

Una última cosa: a partir de ahora, puesto que van a aparecer frases mal construidas, con errores de diversos tipos o que no representan lo más correcto, se marcarán estas con "✘" al principio para evitar confusiones.

Cualquiera puede querer avanzar en sus conocimientos, así que, adelante, seas quien seas... ¡Y enhorabuena!

CÓMO LEERLO

Depende de lo que busques o necesites y de tu nivel.

Puedes usarlo como lectura, de principio a fin, para recordar, aprender o disfrutar (espero) sin más; puedes ir directamente a un capítulo o sección, porque no es necesario haberse leído uno para comprender el siguiente; también he pretendido que se pueda usar el índice para realizar consultas concretas o establecer tú mismo el orden de lectura que más te apetezca o pienses que va a resultar más instructivo o ameno para ti.

No podía ser de otra manera: a algunos les interesarán unos capítulos más que otros, así que confío en haber logrado que pueda adaptarse en su lectura a lo que cada uno espere de él.

Algunos consejos de puntuación

SIGNOS DE PUNTUACIÓN

A modo de introducción, vamos a indicar muy brevemente y de forma condensada y esquemática los usos de los signos de puntuación.

Siguiendo la línea de este manual, no es una recopilación exhaustiva ni académica, sino unas pautas simples para quienes tengan un nivel más básico, a los que también se dirige.

Antes de comenzar, dado que es una característica común, destacar que punto y final, punto y aparte, punto y seguido, coma, punto y coma, dos puntos, puntos suspensivos, cierre de exclamación y cierre de interrogación van a continuación de la última letra de la palabra anterior, sin espacios. Del mismo modo, en los casos en que seguimos narrando y la línea continúa, se deja un espacio entre el signo de puntuación y la siguiente palabra.

Después de esta coma, hay un espacio. La coma va pegada a la última letra de la palabra, como en esta frase.

✗ Así no se escribe, está mal colocada.

Punto y final "."

Indica que el apartado, capítulo o la propia obra han terminado. No es necesario extenderse más ni ilustrar con ejemplos.

Punto y aparte "."

El uso de los signos de puntuación no es estricto y se presta a variaciones según el estilo, el contexto o el tipo de obra o documento. El caso del punto y aparte es una buena muestra de ello, pues, aunque se pueda definir su uso, suele estar sujeto a la interpretación o intención de quien está escribiendo.

Se usa el punto y aparte para indicar el final de un párrafo, terminando también la línea en la que estamos escribiendo.

Normalmente, se considerará el final del párrafo cuando vaya a cambiar la idea que se está expresando, cuando el texto se divide en unidades lógicas de cualquier tipo, cuando termina una entrada de diálogo o cuando creemos que el párrafo es demasiado extenso y, aunque no se trate de un cambio drástico que requiera el punto y aparte, consideremos que puede aburrir al lector o hacerle perder el interés por lo escrito (¿quién no ha dejado de leer una interminable entrada de un foro o un denso correo electrónico porque eran un solo párrafo de decenas de líneas, sin ningún punto y aparte?).

Una excepción es el uso de listas, en el que está permitido no terminar cada entrada en punto, por ejemplo:

Lista de artículos para la compra:

1. Patatas
2. Huevos
3. Leche
4. Etc.

La primera palabra del siguiente párrafo, después del punto y aparte, comienza siempre en mayúscula.

<u>**Punto y seguido ".”**</u>

Dentro de un mismo párrafo, se usará el punto y seguido cuando, sin cambiar la idea central o lo que se quiere expresar, cambiamos de enunciados. En este caso, también se dispone de cierta flexibilidad para adaptarlo a nuestro gusto, estilo o tipo de escrito.

Después del punto y seguido, la siguiente palabra comienza en mayúsculas.

<u>**Puntos suspensivos "…"**</u>

Sus usos principales son:

1. Al final de una enumeración, indican que esta sigue, con un significado prácticamente idéntico a "etcétera" o "etc."

   Trajo toda la fruta que pudo: manzanas, peras, albaricoques…

2. Dejar incompleta una frase, normalmente porque se sobreentiende el resto:

> **Se enfadó porque le dijo que era
> un pedazo de…**

3. Crear suspense, no dejando la frase incompleta, pero sí su continuación:

> **Sabía que lo que hubiera al otro lado de la puerta
> sería aún peor…**

4. Expresar duda:

> **No sé si ir… Uhm… me lo pensaré…
> ¡De acuerdo! ¡Iré!**

Coma ","

En general, y simplificando mucho, la coma se usa para incluir pausas dentro de la frase, aunque no necesariamente se hace pausa en todas las comas al leer ni tampoco todas las pausas que hagamos al hablar indican que haya una coma al escribir.

Sus principales usos son:

1. Enumeraciones simples:

> **Pedro se acordó de traer el paraguas,
> la funda de la cámara, el impermeable y las botas.**

2. Aclaraciones, incisos, concreciones:

> **Ese, el vecino del tercero, es al que hay
> que vigilar.**

> **Nunca pensó, naturalmente, en abandonar.**

3. Cuando se incluye un vocativo en la oración:

> **Mi perro, Canelo, es el más joven de la casa.**

4. Indicar una pausa cuando se altera el orden habitual de los elementos de la oración:

> **No es fácil entrar en mi casa sin llave / En mi casa, no es fácil entrar sin llave.**
>
> **El perro andaba suelto por la finca / Por la finca, el perro andaba suelto.**

5. Explicaciones precedidas de "o sea", "además", "es decir", "no obstante", "esto es", "sin embargo"... se pone coma antes y después de la expresión:

> **No volverá, es decir, que no lo esperes más.**

Dos puntos ":"

Antes de una enumeración; tras el encabezamiento de una carta; antes de citar textualmente, enumerar o presentar una conclusión o resumen.

> **Los medicamentos indicados son, principalmente: analgésicos, antipiréticos y antiinflamatorios.**
>
> **El texto del final de la carta decía: "no vuelvas a molestarme, por favor".**

Punto y coma ";"

En ocasiones, se explica de una forma poco ortodoxa, pero bastante intuitiva: se usa cuando una coma es poco y un punto y seguido demasiado...

Principalmente, se usará en enumeraciones demasiado complejas, en las que el uso de la coma puede dar lugar a error:

> **Trajo maletas, de las grandes y de las de cabina, más pequeñas; bolsas, de esas biodegradables; un pequeño, aunque muy útil, bolso de mano; y hasta cinta de embalar.**

En general, lo más habitual será que se pueda sustituir por un punto y seguido, por lo que queda a criterio de quien escriba su uso.

Exclamación "¡!" e Interrogación "¿?"

Su uso se describe más adelante, aunque es importante señalar que no tienen por qué afectar a toda la oración.

> ✗ **¿Estaba pensando que vendrá de todas formas, no te parece?**

… no se corresponde con la forma en la que hablaríamos. Tal y como lo expresaríamos de viva voz, la interrogación no incluye toda la frase:

> **Estaba pensando que vendrá de todas formas, ¿no te parece?**

Comillas " " o « »

Se pondrán entre comillas citas, referencias a frases o palabras, en otro idioma o para mostrar ironía:

> **Nada más encontrarse, le comentó que aquello era "un sinvivir".**

La carta tenía tantas faltas ortográficas que no había duda de que lo "culto" que era su autor.

Paréntesis "( )"

Se utiliza para introducir una aclaración dentro del texto:

Fueron muchos (si es que veinte eran muchos) los que acudieron a la fiesta.

Raya "–"

Además de utilizarse en los diálogos, como se verá más adelante, puede ponerse en lugar del paréntesis:

Fueron muchos –si es que veinte eran muchos– los que acudieron a la fiesta.

LA IMPORTANCIA DE UNA COMA

Empecemos con un ejemplo que nos haga reflexionar sobre la importancia de la coma.

Analicemos esta frase, a la que, sin duda alguna, le falta una coma:

✗ **Si el hombre supiera realmente el valor que tiene la mujer andaría a cuatro patas en su busca.**

Veamos ahora dos formas de ponerle la coma (por favor, haz una pausa después de la coma):

1.- Si el hombre supiera realmente el valor que tiene, la mujer andaría a cuatro patas en su busca.

2.- Si el hombre supiera realmente el valor que tiene la mujer, andaría a cuatro patas en su busca.

Está claro que los signos de puntuación pueden alterar por completo el significado de una frase, ¿no?…

Del mismo modo, ¿podemos salvar vidas con el uso de una coma? La respuesta es sí, porque no es lo mismo:

¡Vamos a comer, niños!

… que:

¡Vamos a comer niños!

La coma de la primera frase ha salvado la vida de los niños, a los que no se comerá nadie…

CUANDO LA COMA PRECEDE AL "QUE"

Hay ocasiones en las que no sabemos si en la frase:

**El hombre que portaba una antorcha
dio un paso adelante.**

… debe ponerse una coma antes de "que".

Tal y como lo hemos escrito en primer lugar (sin coma), la frase da a entender que había más de un hombre, y que solo el que portaba la antorcha es el que dio un paso adelante, es decir, que portase una antorcha se utiliza para diferenciarle del resto. Sin embargo, con coma:

**El hombre, que portaba una antorcha,
dio un paso adelante.**

Vemos que la coma ha hecho que "que portaba la antorcha" se convierta en una característica del sujeto que no implica que hubiera más junto a él. Se podría sustituir por:

> "**El hombre portaba una antorcha
> y dio un paso adelante**".

Es decir, la coma precederá al "que" cuando se trate de un atributo del sujeto, e irá seguido, sin coma, cuando se trate de una característica especial que lo diferencia del resto y sirve para evitar confusiones.

USO INCORRECTO DE LA COMA TRAS EL SUJETO

En muchas ocasiones, incluso en textos escolares impresos, se confunde una pausa que muchos hacen en oraciones simples, entre el sujeto y el verbo, con la necesidad de una coma:

> ✗ **El joven y temerario príncipe,
> entrenaba con su espada.**

El uso de la coma en el ejemplo es erróneo, pues no hay ningún elemento entre el sujeto ("el joven y temerario príncipe") y el verbo ("entrenaba").

Cosa distinta es cuando se incluyen, antes o después del sujeto, aclaraciones temporales, de lugar, adverbios, etc.

> **Cada mañana, el joven y temerario príncipe
> entrenaba con su espada.**

> **El joven y temerario príncipe, nada más desayunar,
> entrenaba con su espada.**

> **El joven y temerario príncipe, tenazmente,
> entrenaba con su espada.**

Pero nunca se pone (merece la pena insistir) si no hay nada entre el sujeto y el verbo.

EXCLAMACIÓN E INTERROGACIÓN

No es necesario explicar su uso. Eso sí; conviene recordar que en español se tienen que usar los correspondientes "¿" y "¡" para indicar el comienzo. No hay que verlo como un impedimento, sino como una ayuda que sirve para concretar dónde comienza la exclamación o la interrogación.

Como signos de puntuación, contienen (por decirlo de alguna manera) su propio punto (final, aparte o seguido), por lo que:

1. Nunca van seguidos de punto. Podrán ir seguidos de otro signo de puntuación solo en los siguientes casos:

- Cuando el enunciado no esté completo:

    ¡Bah!, no le des importancia.

En todo caso, ante la duda, podría haberse escrito de la siguiente manera:

¡Bah! No le des importancia.

- En el caso de que se trate de una frase entrecomillada como:

Nada más salir, el niño comenzó a preguntar "¿hemos llegado?".

2. Si no van seguidos de otro signo de puntuación, la siguiente palabra comienza siempre en mayúsculas, como si de un punto se tratase.

Así, la siguiente frase: "✘ Me ha dicho que salga, ¿sabes por qué?, porque me odia" es incorrecta, ya que con el cierre de la interrogación se completa el enunciado.

La forma correcta sería: "Me ha dicho que salga, ¿sabes por qué? Porque me odia".

Tampoco es correcto, en principio, encadenar varios signos de este tipo:

✘ ¡¡¡¡¡Bien!!!!!

✘ ¿¿¿¿Qué dices????

Aunque, es cierto que no hay que exagerar ni ser excesivamente académicos. En lenguaje coloquial, divertido o mensajes casuales, no va a pasar nada por utilizar este tipo de recursos para dar énfasis a lo escrito o mostrar nuestros sentimientos.

Sí está aceptada, sin embargo, la combinación de ambos signos de puntuación:

–¡¿Qué dices?! –preguntó él.

Aunque, siempre queda más limpio, incluso es posible que demuestre más recursos, que el narrador ayude a crear ambiente con su descripción y no abusar de este recurso:

–¿Qué dices? –preguntó él, gritando y gesticulando exageradamente.

LOS PUNTOS SUSPENSIVOS
(NI DOS NI CUATRO; SIEMPRE TRES)

Una sencilla regla: los puntos suspensivos son un signo de puntuación. Por decirlo de alguna manera, son un solo signo que se compone de tres puntos seguidos, sin espacios entre ellos, por eso, muchos correctores sustituyen automáticamente por "…" (un solo carácter) cuando tecleamos tres veces seguidas la tecla del punto.

Por ello, es incorrecto y no aporta nada nuevo a un texto escribir más de tres puntos.

"✘ Todavía estoy esperando tu documento…………" es, simplemente, incorrecto.

PUNTOS SUSPENSIVOS EN INTERROGACIONES O EXCLAMACIONES: ¿DÓNDE PONERLOS?...

Partiendo de la base de que los puntos suspensivos se emplean principalmente para frases que quedan incompletas o una intención del autor de dejar algo en el aire o aumentar el misterio, tenemos una pista de que va a haber dos formas distintas de situarlas en exclamaciones o interrogaciones:

- "¿Tengo que viajar con ese pedazo de**…**?" La frase queda incompleta, por eso los puntos suspensivos van **dentro** de la interrogación, del mismo modo que cuando se trata de una enumeración interrumpida del tipo: "¡Te has olvidado de todo! ¡De la comida, de la bebida, de la crema protectora**…**! ¡De todo!".

- "¡El final de la aventura va a ser dramático!..." Es un adorno para crear intriga; los puntos suspensivos van **fuera** de la exclamación, como queriendo decir que nos espera algo inquietante, interesante o sorprendente.

–DIÁLOGOS –DIJO ÉL–. HABLEMOS DE LA PUNTUACIÓN EN ELLOS

Los diálogos, para diferenciarlos de la narración, van precedidos por una raya ("–". distinto del guion o símbolo menos, "-"), y **nunca** terminan en raya, sino en el signo de puntuación correspondiente: punto y aparte, cierre de interrogación, cierre de exclamación o (menos habitualmente) dos puntos o punto y coma.

–Estoy algo cansado.

Obsérvese que **no hay espacio entre la raya y la primera letra**.

Para introducir una aclaración del narrador, se utiliza también la raya:

–Estoy algo cansado –dijo él.

–Estoy algo cansado –dijo él–. Me voy a mi casa.

Teniendo en cuenta que hay que diferenciar dos casos:

1. La intervención del narrador hace referencia a un verbo o acción del habla o el pensamiento ("dijo él", "pensó ella", "replicó su amigo", etc.).

- Se deja un espacio en blanco entre el final de la frase y la raya, y la frase del narrador comienza sin espacio entre la raya y esta: "cansado –dijo él."

- La frase del narrador comienza en minúsculas: " –dijo él."

- El signo de puntuación correspondiente a la frase del personaje se cierra tras la aclaración del narrador: "–Estoy algo cansado –dijo él–. Me voy a mi casa."

- Si el diálogo continúa, se cierra con la raya; en caso contrario, no: "–Estoy algo cansado –dijo él–. Me voy a mi casa."

- Si la frase del diálogo no está completa, pero le correspondería otro signo de puntuación (como una coma), este se pone como en el ejemplo anterior con el punto: "–Estoy cansado –dijo él–, y eso que he dormido bien."

2. En el caso de que el comentario del narrador no tenga nada que ver con la acción de hablar, pensar o cualquiera de las acciones relacionadas (gritar, susurrar, etc.), se cierra la frase, si hiciera falta, y el texto del narrador comienza por mayúscula:

–Tengo que irme. –El portazo retumbó en toda la casa.

–Hay pegamento por algún lado.
–Rebuscó dentro de los cajones–. ¡No sé dónde lo guardé!

Este segundo caso llama la atención y se olvida con frecuencia, ya que la intervención del narrador es, en la mayoría de los casos, del tipo del primer apartado: "pensó él", "dijo la mujer", "replicó su amigo", etc.

Y contando con ciertas excepciones:

- La exclamación y la interrogación se cierran (si la frase ha terminado) siempre antes de la raya, pero se añade un punto después de la pausa del narrador: "–¿Estás cansado? –dijo su mujer–. Puede que debieras dormir más."

- Del mismo modo, también los puntos suspensivos preceden a la raya: "–Te noto cansado... –observó ella–. Será que no duermes bien."

- Si la narración precisa dos puntos, éstos sustituyen al signo de puntuación que correspondería a la frase del diálogo: "–Te noto cansado –observó ella, y **añadió**–: Será que no duermes bien."

En el caso de que el diálogo sea extenso, o el escritor considere que debe introducir un punto y aparte, el siguiente párrafo no comienza con guion, sino que lo hace con la llave, " »".

El motivo es el de indicar sin lugar a dudas que sigue hablando el mismo personaje:

–Debo procurar no extenderme –dijo él–. El motivo de que el proceso industrial... (aquí seguiría el extenso texto hasta el punto y aparte).

»Pero eso no es todo –añadió–, sino que también hay que tener en cuenta el coste de investigación.

Como puede observarse, el resto de la estructura es idéntica a la de un diálogo normal. Es decir, la única diferencia es que el siguiente párrafo (y sucesivos, si los hubiera) comienza por la llave " »".

Si se trata de una frase suelta dentro de lo que está contando el narrador, se utilizarán las llaves:

El silencio solo fue roto por el murmullo de una voz anónima que repetía: «no es justo; no es un castigo justo».

Un par de clásicos para continuar

AHÍ HAY UN HOMBRE QUE DICE "¡AY!"

Un amigo me recordó hace tiempo la vieja regla mnemotécnica (sí, sí; se escribe así) que nos hacían aprender de pequeños (ahora no sé si lo siguen haciendo):

**Ahí hay un hombre que
dice "¡ay!"**

- "**Ahí**" es un adverbio que indica "en qué lugar".

- "**Hay**", del verbo haber.

- "**Ay**" es una interjección, generalmente de dolor, y que suele ir entre exclamaciones (como toda interjección que se precie, claro).

Podría, para que quede más claro aún, buscarse otra composición:

**¡Ay! Hay que ver lo que han
construido ahí.**

"VAYA", "VALLA" Y "BAYA"

Otra frase clásica:

> **¡Vaya, hombre! Vaya a la valla
> y coja una baya.**

- **"Vaya"** de "ir". Tercera persona del singular del presente de subjuntivo.

  También, sola, antepuesta a un sustantivo o antepuesta a "con", expresa satisfacción o desaprobación, a veces con un matiz de ironía, con respecto a algo: "¡Vaya! Volví a fallar", "¡Vaya fiesta!", "¡Vaya reloj, que no para de estropearse!" o "¡Vaya con el niño!".

  Menos usado, burla o mofa: "dar una vaya".

- **"Valla"**. Su principal acepción es la de "cercado".

- **"Baya"**: fruto carnoso con semillas rodeadas de pulpa.

La tilde: normas, excepciones y trucos

¿ES NECESARIA LA TILDE?

Rotundamente sí.

La tilde –acento gráfico o, simplificando, acento– nos permite ser capaces de leer una palabra y pronunciarla exactamente como se debe, aunque no la conozcamos ni la hayamos escuchado jamás.

Por otro lado, y no menos importante, tiene la función de diferenciar palabras que, aunque se pronuncian igual y no deberían llevar tilde, son completamente distintas y pueden dar lugar a confusión si no se diferencian de alguna manera.

Algunos de los innumerables ejemplos de tildes que cambian pronunciación y significado de una palabra (según se pongan o no), serían:

Tenía un serio problema de <u>inglés</u> / Tenía un serio problema de <u>ingles</u>

Era la reina del <u>plato</u> / Era la reina del <u>plató</u>

En cuanto a palabras que se escriben o no con tilde para diferenciar su uso:

> **Me sorprendo de cuanto sabe / Me sorprendo de cuánto sabe**

En el primer caso, queremos decir que causa sorpresa cada cosa que sabe, como si supiese poco o mucho, pero todo sorprendente. En el segundo, sin embargo, nos causa impresión la cantidad de cosas que sabe.

Comentar que la tilde que sirve para diferenciar palabras distintas, pero que se pronuncian exactamente igual, como en el caso anterior, se denomina "**tilde diacrítica**".

REGLAS GENERALES

Antes de pasar a las excepciones y la tilde diacrítica, recordemos las 4 reglas básicas para el uso de la tilde.

La tilde debe utilizarse en:

- Palabras agudas (acentuadas en la última sílaba) que terminan en vocal, "n" o "s": "arrinconé", "matón", o "revés". No se incluyen en la regla las palabras monosílabas.

- Palabras llanas (acentuadas en la penúltima sílaba) que NO terminan en vocal, "n" ni "s": "lápiz", "fácil" o "cénit".

- Todas las palabras esdrújulas y sobreesdrújulas (acentuadas en la antepenúltima o anteriores sílabas): "ápice", "permitiéndoselo" o "polisémico".

- En los hiatos (dos vocales juntas que forman sílabas distintas), cuando una de las vocales es débil ("i" o "u") y es la acentuada: "había", "lía" o "Raúl".

LA TILDE EN MONOSÍLABOS

Como norma general, los monosílabos no llevan tilde: "fe", "pie", "fue", "truhan" o "liais" son algunas de las palabras que, por un motivo u otro, más suelen llevar a confusión. Sin embargo, en el caso de "guion / guión" se acepta aún con tilde.

Ocurre a veces que palabras como "truhan" o "liais" no parecen a primera vista, por su longitud, monosílabas, aunque haya una "h" intercalada en la primera y un triptongo en la segunda. En este caso, la norma es inflexible: son monosílabas, por lo que no llevan tilde.

Únicamente llevarán tilde (diacrítica) aquellas palabras que puedan llevar a confusión, muchas de las cuales se explican a continuación.

DIPTONGOS EN PALABRAS AGUDAS

Se trata de una norma para la tilde que no siempre se tiene en cuenta, ya que, como hemos visto, se pone la tilde en palabras agudas (acentuadas en la última sílaba) que terminan en vocal, "n" o "s".

Esta regla nos hace pensar automáticamente en "camión", "inglés", "comí", etc. Sin embargo, tendemos a identificar la tilde con la última vocal en lugar de la última sílaba, cuando la norma hace referencia explícita a la "sílaba", y nos olvidamos de cuando la última sílaba es la acentuada pero está formada por un diptongo del tipo "ei", "au" (vocal fuerte + vocal débil) y el acento en la primera.

Por ello, no suelen llamarnos la atención las siguientes palabras:

× **Estais**

× **Ganeis**

× **Samurai**

A pesar de ello, las tres son palabras agudas y acentuadas en la última sílaba ("tais", "neis" y "rai"), por lo que cumplen la norma y deben llevar tilde:

Estáis

Ganéis

Samurái

"SOLO", "ESTA", "ESTE", "AQUELLA"...

Finalmente, la RAE decidió eliminar la tilde en el adverbio "solo" y en los pronombres demostrativos "este"," ese" y "aquel", con sus femeninos y plurales, aunque funcionen como pronombres o determinantes ("la que quiero es aquella", "el coche ese").

Con anterioridad, se recomendaba usar la tilde cuando podía dar lugar a un error de interpretación, como en los siguientes ejemplos:

Estaré solo hasta el miércoles

> **¿Han traído aquellos documentos?**
> (pueden ser "esos documentos" o que "aquellos señores" hayan traído los documentos)

> **Ayer, hice ejercicio solo durante casi 5 horas**

Lo que recomienda la RAE desde noviembre de 2010 es solventar la posible confusión modificando el texto para hacerlo más específico. De esta forma, los ejemplos podrían ponerse así:

> **Estaré solamente hasta el miércoles / Estaré yo solo hasta el miércoles**

> **¿Han traído los documentos de la mesa? / ¿Han traído los secretarios los documentos?**

> **Ayer, hice ejercicio en soledad durante casi 5 horas / Ayer, hice ejercicio nada más que durante casi 5 horas**

"TÚ", "TU", "MÍ" Y "MI"

"Tú" y "mí" llevarán tilde cuando se usen como pronombre personal, por ejemplo:

> **Eso es bueno para mí.**
>
> **No te lo crees ni tú.**

Sin embargo, cuando se refieren a posesión, no llevan tilde:

> **Vuelvo a mi casa**
>
> **Déjame tu bolígrafo, por favor.**

Un error bastante frecuente, es, por extensión a esta norma, ponerle tilde al pronombre personal "ti". Hay que tener cuidado porque "ti" ("me acordé de ti", "te lo dedico a ti") **no se escribe con tilde** (observemos que no tiene más significados ni usos distintos), aunque, en alguna ocasión, todos hemos tenido la tentación de hacerlo, quizá por comparación con "tú" o "mí".

"DE" Y "DÉ", "SE" Y "SÉ"

¿Cuándo llevan tilde "de" o "se"? Nada más fácil de aprender, y no hace falta entrar en detalles gramaticales:

- Ambos llevan tilde siempre que estemos usando los verbos "dar" o "saber" y "ser" respectivamente.

"Es mejor que no **dé** un paso adelante". Verbo "dar".

"Yo **sé** que lo que dices es cierto". Verbo "saber".

"No tengas miedo y **sé** valiente". Verbo "ser".

- **No** llevan tilde en caso contrario.

"**Se** lo ha fabricado él mismo"

"Este anillo es **de** oro"

"AUN" Y "AÚN"

No es necesario echar mano de enrevesadas explicaciones para saber cuándo lleva tilde la palabra "aún". Incluso la RAE se limita a explicar que es cuando se puede sustituir por "todavía".

Se escribe con acento cuando pueda sustituirse por "todavía":

> **Aún** (todavía) **no ha llegado.**
>
> **No me he arreglado aún** (todavía).

En los demás casos, se escribirá sin tilde:

> **Resistirá diez viajes, y aun** ("hasta") **quince, antes de tener que echar gasolina.**
>
> **No tengo tiempo de acabarlo, ni aun** ("ni siquiera") **la cuarta parte.**

"SÍ" Y "SI"

En esta ocasión, vamos a diferenciar varios casos:

"**Sí**" lleva tilde en caso de que:

- Se trate de una afirmación:

  > "**Sí**, lo sé", "La novia dio el **sí** quiero",
  > "Ante la duda, mejor decir que **sí**".

- Cuando se utiliza como pronombre personal:

  > "Lo pensó para **sí** mismo",
  >
  > "Dio lo mejor de **sí**".

Apuntar que, ante la duda, en la mayoría de los casos, al pasar estas frases a la primera persona, el "sí" se convierte en "mí": "Lo pensé para **mí** mismo", "Di lo mejor de **mí**".

"Si" no lleva tilde:

- Cuando es conjunción:

"**Si** vienes, hazlo en silencio",
"No es bueno **si** empieza así", "Le preguntó **si** quería más café".

Notar que la mayoría de las frases son condicionales y que en muchas de ellas, podremos sustituir "si" por "en caso de que" o una expresión similar.

- Cuando se refiere a la séptima nota musical:

"Era incapaz de hacer sonar el **si** bemol".

Como curiosidad, el nombre de la nota viene de las iniciales de "Sancte Ioannes", las dos primeras palabras del cuarto verso de la estrofa con que empieza el himno de San Juan Bautista.

"ÉL" Y "EL"

Aunque pueda parecer demasiado básico, insisto en que este manual pretende abarcar un amplio espectro de lectores.

No hace falta extenderse mucho:

- "Él" llevará tilde cuando se trate de un pronombre personal, es decir, por dar una pauta fácil de aplicar, cuando podamos sustituirlo por un sustantivo:

Decidió que era mejor para él / Decidió que era mejor para Antonio

- Cuando se trate de un artículo determinado, no llevará tilde, precederá a un sustantivo y en muchas ocasiones podrá ser sustituido por "un" sin que la frase pierda sentido, aunque, naturalmente, altere su significado:

Se le olvidó el bolígrafo / Se le olvidó un bolígrafo

Como hemos visto hasta ahora, el uso de la tilde para diferenciar palabras que se escriben y pronuncian igual no suele ser gratuito, y evita errores de interpretación:

José dijo que debería haber pagado el mismo

José dijo que debería haber pagado él mismo

En la primera frase, José dice que debería haber pagado alguien que ya lo había hecho anteriormente, sin que sepamos si había sido él o no, aunque todo parece indicar que se refiere a otra persona.

Con la tilde, sin embargo, la misma frase indica que José dice que es él, y no otro, quien tendría que pagar.

"CUANDO", "QUE", "COMO", "QUIEN", "DONDE", "ADONDE" Y "CUANTO"

Pretendemos ser prácticos, ¿no? Así que vamos a dar una sencilla pauta para saber cuándo escribir con tilde estas palabras.

En general, tendremos que poner la tilde cuando expresen interrogación o exclamación, pero, como esto no implica necesariamente que existan interrogaciones físicas que nos sirvieran para asegurarnos, basta con aplicar las siguientes reglas:

- "Cuándo" llevará tilde cuando pueda ser sustituido por "en qué momento" (y el resultado sea coherente, claro):

    ¿Cuándo (en qué momento) llegarás?

    Me preguntó cuándo (en qué momento) podría recibirle.

    Le contesté que cuando terminase el documento.

- "Qué" llevará tilde cuando se le pueda añadir un sustantivo a continuación del tipo "qué cosa", "qué razón", etc.:

    ¿Qué (qué cosa) quieres?

    Imagino qué (qué razón) pasará después.

    Sé por qué (qué causa) ocurrió.

    No pasa nada hasta que pulsas el botón.

- "Cómo" llevará tilde cuando pueda ser sustituido por "de qué manera":

    ¿Cómo (de qué manera) piensas arreglarlo?

    Intenté averiguar cómo (de qué manera) lo habría logrado.

    Conducía como si fuese una carrera.

- "Quién" llevará tilde cuando pueda ser sustituido por "qué persona":

¿Quién (qué persona) ha llamado?

**Hace falta saber quién (qué persona)
se atrevería a hacerlo.**

Elegí a quien me pareció más inteligente.

Esto es aplicable también al plural: "quiénes".

- "Dónde" llevará tilde cuando pueda ser sustituido por "en qué lugar":

    ¿Dónde (en qué lugar) vamos a cenar?

    **Le dije la hora, pero no dónde (en qué lugar)
    quedábamos.**

    **Decidí acudir al mismo lugar donde había pasado
    las vacaciones.**

- "Adónde" llevará tilde cuando pueda ser sustituido por "hacia qué lugar":

    ¿Adónde (hacia qué lugar) te diriges?

    **Tenía claro cómo era el camino, pero no adónde
    (hacia qué lugar) nos llevaría.**

    Elegí el bar adonde siempre me dirigía.

- "Cuánto" o "cuántos" llevarán tilde cuando pueda ser sustituido por "qué cantidad":

    ¿Cuántos (qué cantidad) vamos a cenar?

    **Ni me fijé en cuánto (qué cantidad)
    había que pagar.**

> **Era increíble que cuanto más corría, menos cansado parecía.**

Además de estos sencillos trucos, todas estas palabras llevarán tilde **cuando funcionen como sustantivos**:

> **Me dijo el cuándo, pero no el dónde ni el cómo.**

"MÁS" Y "MAS"

Es sencillo y algo que todavía recuerdo de los lejanos días de colegio. "Más" llevará tilde siempre, salvo cuando pueda sustituirse en la frase por "pero":

- "No puedo **más**", "Cuatro **más** cinco son nueve", "Había **más** de veinte camiones".

- "Lo intenté, **mas** (pero), no pude".

LA TILDE EN LOS ADVERBIOS ACABADOS EN "MENTE"

Si nos fijamos, dada la forma de construir estos adverbios (adjetivo o sustantivo más el sufijo "mente"), aplicando la norma básica, deberían tener tilde, pues todos son palabras esdrújulas. Sin embargo no es así.

Existe una norma muy sencilla:

- Se pone la tilde si el original la lleva: "fácilmente" y "físicamente" llevan tilde, ya que también la llevan "fácil" y "física".

- NO se pone la tilde cuando la palabra de la que se deriva no la lleva: "estupendamente", "tranquilamente"…

Estamos, pues, ante una excepción que evita que todas las palabras de este tipo tuvieran que llevar la tilde.

Hay que tener cuidado y recordar que tenemos que aplicar las reglas de acentuación a la palabra sin el sufijo "mente", sin alterar nada más. Si no lo hacemos, podemos caer en el error de un lector de mi blog, que criticaba la norma porque "exitosamente" no lleva tilde y "éxito" sí. No tuvo en cuenta que tenía que haber analizado la palabra "exitosa", no "éxito".

PALABRAS COMPUESTAS

Vamos a diferenciar, dentro de las palabras compuestas, dos casos:

1. Palabra compuesta propiamente dicha, formada a partir de dos palabras independientes (no confundir con prefijos o sufijos): "parabrisas", "lavaplatos", etc.

Generalmente, casi en la totalidad de los casos, se acentúa la segunda palabra que forma la palabra compuesta. Así, aunque la primera tuviese tilde, al pasar a formar parte de la palabra compuesta, pierde el acento tónico, por lo que la perderá, y la palabra llevará tilde si la llevaba la segunda palabra:

Décimo + séptimo = Decimoséptimo
Qué + hacer = Quehacer
Porta + lámparas = Portalámparas

2. Aunque no se trate de palabras compuestas propiamente dichas, las palabras separadas por guion mantienen ambas la tilde, si la tuvieran:

> Sánchez-Dragó
> Teórico-práctico
> Británico-alemán

"TE" Y "TÉ"

Muy rápidamente y muy sencillo: "te" se escribe sin tilde cuando ejerce de pronombre personal ("Te dije que te protegieras") o la propia letra "te" ("La primera letra que aprendió fue la te").

Por el contrario, cuando nos refiramos a "té" como planta o infusión, llevará tilde: "Me invitó a una taza de té", "Se dedicaba a secar hojas de té".

MAYÚSCULAS

En contra de lo que muchos creen (incluso defienden), las mayúsculas sí llevan tilde, tanto si se trata de un texto en mayúsculas como cuando una palabra comienza en mayúsculas:

PROHIBIDO PISAR EL CÉSPED

Últimamente, Ángel está más despistado que cuando vivía en Ávila.

La idea de que las mayúsculas no admiten la tilde proviene de cuando estaba extendido el uso de las máquinas de escribir, puesto que la mayoría no permitían poner la tilde en las letras mayúsculas.

EXTRANJERISMOS

No es infrecuente que se usen o adapten palabras extranjeras (principalmente anglicismos) y que se tarde en hacer oficial su uso en español.

En el caso de usar literalmente la palabra, o tratarse de nombres propios, éstos nunca llevarán tilde.

✘ "Bárbara Watt", ✘ "záping", etc. son incorrectos. Si se quiere usar una palabra extranjera, se escribirá tal cual, sin adaptaciones de ningún tipo.

En ocasiones, por la razón que sea, incluiremos palabras extranjeras en nuestros textos, no hay que ser rigurosos, pero, si se utilizan, es mejor no adaptarlas según nuestros gustos o criterio personal.

Distinto es cuando se termina por aceptar una palabra como castellana, en cuyo caso se adapta completamente, ajustándose a las normas de ortografía y escritura (procurando respetar la pronunciación o cómo la suelen pronunciar los hispanohablantes), lo que incluye, si procede, el uso de la tilde:

Football →Fútbol

Baseball → Béisbol

Bacon → Beicon

Es decir, se ha de escribir "stress" o "estrés", pero nunca "stréss".

ABREVIATURAS

Es una abreviatura el resultado de eliminar algunas letras de una palabra, por economía de espacio y como resultado de un convenio entre emisor y receptor. Se supone que la abreviatura se podrá identificar sin dificultad con la palabra original, ya que, en caso contrario, perdería su utilidad.

En lo que respecta al uso de la tilde, la norma es bien simple: se mantendrá si en la abreviatura se incluye la vocal que la tenía en la palabra original. Así, llevarán tilde, por ejemplo:

Pág. → Página
Núm. → Número
Admón. → Administración

Verbos y sus complementos: errores a corregir

"DEBE... ¿DE?"

¿Cuándo se pone "**de**" tras el verbo "**deber**"?

Muy sencillo; el "de" es correcto siempre que el significado de deber no sea el de obligación o deber.

Por ejemplo:

- "Pedro **debe** cambiar la imagen de la Tira de la Saga". Implica obligación, por lo que **no** es correcto añadir el "de".

- Alguno no **debe de** haberse enterado", "**Deben de** ser alrededor de las 12".

"HABER" Y "A VER"

No es extraño encontrar un uso incorrecto del verbo haber en lugar de la expresión "a ver".

En primer lugar, no hay duda sobre las frases en las que se utiliza el verbo "ver" como tal:

Se acercó a ver el tumulto más de cerca

La duda surge con la expresión "a ver":

1. "**A ver** si nos callamos"

2. "**A ver**, ¿estamos todos?"

La solución que nos ofrece la RAE, es la de percatarnos que se utiliza la expresión "a ver" cuando:

1. Expresa mandato, como en el ejemplo 1, en cuyo caso es equivalente a "vamos a ver"

2. Se puede sustituir por "veamos", como en el ejemplo

De todas formas, y como regla que nos puede poner sobre la pista en caso de duda, es raro encontrar frases coloquiales que comiencen por el infinitivo del verbo "haber" sin parecer rebuscadas, así que lo más probable es, en ese caso, que se deba utilizar "a ver".

"HA HABIDO" / "HAN HABIDO"

El verbo "*haber*" funciona como impersonal cuando se emplea para indicar existencia o presencia de personas, animales o cosas y, por ello, se usa en tercera persona del singular.

¿Qué quiere decir esto? Muy sencillo, como los verbos impersonales no tienen sujeto, el nombre que acompaña al verbo no es tal, sino que es el complemento directo. Por ello, aunque el complemento directo vaya en plural, al no tratarse del sujeto, no hace que el verbo vaya también en plural.

Así, son **INCORRECTAS** oraciones como

> ✗ *Habían muchas golondrinas volando.*
> ✗ *Hubieron varios accidentes a consecuencia de la niebla.*
> ✗ *Han habido demasiados errores en el diseño.*

Debiendo decirse:

> **Había muchas golondrinas volando.**
> **Hubo varios accidentes a consecuencia de la niebla.**
> **Ha habido demasiados errores en el diseño.**

"HABRÍA" Y "HUBIERA"

Aunque esté aceptado, es menos correcto y no debería proliferar el uso de "hubiera" o "hubiese" por "habría". Es una batalla perdida… Hasta en traducciones y textos presumiblemente correctos se confunden ambos tiempos, así que no es de extrañar que ya prácticamente no se usen como debería ser.

Por adquirir un poco de cultura sobre el tema:

- "Habría comido" es condicional compuesto de indicativo.
- "Hubiera comido" o "hubiese comido" es pretérito pluscuamperfecto.

Pero no, con eso no somos capaces de saber cuándo se está usando el "hubiera o hubiese" de forma incorrecta, ¿verdad? Veamos un ejemplo:

> ✗ **Si no me despierta, no hubiese podido llegar a tiempo.**

¿Suena bien? ¿Es correcto? Vamos a hacer una cosa. Eliminemos el verbo "haber", de forma que el verbo "poder" tome el tiempo correspondiente:

✗ Si no me despierta, no pudiese llegar a tiempo.

Acabamos de darnos cuenta de que el uso de "hubiese" no era correcto; ¿no será que la forma correcta de expresarlo era:

**Si no me despierta, no habría podido
llegar a tiempo.**

Eliminamos el verbo haber, y queda:

Si no me despierta, no podría llegar a tiempo.

Mejor, ¿verdad?

Otra forma de comprobarlo es analizar una frase del tipo "si no hubieses comprado pan, no me lo habría comido":

Si "causa", entonces "consecuencia".

En resumen: la causa (a la que precederá "si" en la mayor parte de los casos) es "hubiera o hubiese, y la consecuencia, efecto o fin "habría", aunque no siempre será en ese orden:

**Si no lo hubieses comprado, no me habría
comido el pan.**

Por lo que vemos que es mejor analizar causa + consecuencia que presuponer que siempre va a estar primero "hubiera" o "hubiese" y después "habría".

No suele ser sencillo al principio, pero, cuando uno se acostumbra, resulta hasta intuitivo.

"HABEMOS"

El uso de "habemos" como la primera persona del plural del presente de indicativo del verbo haber ha quedado en desuso y relegada a un simple vulgarismo a evitar. De esta forma, es incorrecto:

✗ **Habemos venido a la fiesta todos juntos.**

El uso correcto es "hemos":

Hemos venido a la fiesta todos juntos.

Otro uso incorrecto sería el de "habemos" por "somos" o "estamos", puesto que el verbo "haber", tal y como se ha comentado en el punto anterior, es impersonal cuando se emplea para expresar la presencia de personas o cosas, y se usa en tercera persona del singular. Por ello, es incorrecto:

✗ **Habemos pocos para formar un equipo.**

Debiendo utilizar:

Estamos (o somos) pocos para formar un equipo.

O, en todo caso:

Hemos venido pocos para formar un equipo.

Hay únicamente una excepción para que el uso de "habemos" sea correcto, aunque no sea demasiado frecuente: la expresión coloquial "habérselas" con alguien o algo. Por ejemplo, es correcto:

Nos las habemos con un equipo fuerte y disciplinado.

USO DEL INFINITIVO EN LUGAR DEL IMPERATIVO

Es muy frecuente escuchar o leer el uso del infinitivo del verbo ("venir", "correr") en lugar del imperativo ("venid", "corred") al usarlo para segunda persona del plural. Son incorrectas las frases:

> ✗ ¡Venir, rápido!
> ✗ Comeros toda la sopa.
> ✗ Correr todo lo que podáis.

Debiendo poner:

> **¡Venid, rápido!**
> **Comeos toda la sopa.**
> **Corred todo lo que podáis.**

Como habrá podido observarse, cuando el imperativo lleva unido el pronombre "os" ("come**os** toda la sopa"), se suprime la letra "d" final salvo en una única excepción: el verbo "ir", cuyo imperativo con el pronombre "os" se construye sin eliminar la "d" final:

> **Idos bien abrigados.**

Ya de paso, aprovechamos para refutar la creencia de que, en el caso del verbo "ir", es correcto el imperativo "iros".

Una excepción aceptada es el uso del imperativo en mensajes de indicación, instrucciones o carteles informativos, que lo que hacen es, de forma impersonal, dar una recomendación, exponer una prohibición, etc.

> **Rellenar el formulario con letra clara.**
> **Calcular el resultado de las siguientes operaciones.**
> **Lavar a mano o a máquina con agua templada.**

Un poco de todo

"POR QUÉ", "PORQUE", "POR QUE" Y "PORQUÉ"

Nada mejor que una breve descripción y ejemplos, ¿no es así?

- **"Porque"** es una conjunción causal:

    Me enfadé porque no me avisaron.

Por decirlo de una forma simple, se usa para dar la razón de algo. No resulta muy académico, pero podría decirse que es la respuesta a una pregunta o una explicación de algo.

- **"Porque"**, quizá la menos usada, es la suma de la preposición "por" y el relativo "que":

    La carretera por que pasamos.

Que equivale, pues, a "el que"," la que"," los que", "las que", "el cual", "la cual", "los cuales", "las cuales". Es decir, se pondrá así cuando pueda sustituirse por una de las expresiones anteriores.

- **"Porqué"**. Es un sustantivo, lleva determinantes y significa "razón", "motivo".

No conozco el porqué de su dimisión.

¡Ojo! No confundir con "no sé por qué dimitió", que sí lleva tilde.

- **"Por qué"**. Es la suma de la preposición por y el interrogativo qué

  ¿Por qué no llamaste?

Hay que tener en cuenta que interrogativo no significa necesariamente que exista la interrogación como signo de puntuación en la frase, por ejemplo, "Dime por qué no llamaste" también se construye así.

NOMBRES FEMENINOS QUE EMPIEZAN POR "A"

Está claro que se utiliza el determinante "el" cuando se antepone a sustantivos como "alma", "arma", "aula", etc.

Sin embargo, a veces nos surge la pregunta de si esta regla se aplica a cualquier sustantivo que comience (fonéticamente) por la letra "a" y si abarca también a cualquier determinante que preceda a un sustantivo de este tipo.

Veamos, pues, a continuación, las restricciones y exclusiones a esta norma:

- El sustantivo tiene que estar acentuado en la "a" por la que comienza (hablamos de acentuación, no de acento gráfico o tilde):

SÍ: alma, arma, ansia, aula, ánima…

NO: ansiedad, amapola, amatista, aurora.

- Solo se aplica a **cuatro determinantes**:

    el: "el alma"

    un: "un alma"

    algún: "algún alma"

    ningún: "ningún alma"

Por lo tanto, serían **incorrectas** frases del tipo: ✘ "no bebas de **este** agua".

- Solo se aplica al **singular**

    Las almas descansaban en paz.

    Unas armas peligrosas.

- Únicamente se debe aplicar si el determinante y el sustantivo son **contiguos**:

    La pobre alma del condenado.

    Una deteriorada aula.

- La regla es fonética, por lo que se aplica a sustantivos femeninos que comiencen por "ha":

    **Juraba haber visto un hada
    en el bosque.**

- No se suele aplicar a sustantivos que pueden cambiar de género, principalmente los de reciente aceptación:

    **El público se indignó con la labor
    de la árbitra / El público se indignó con la labor
    del árbitro.**

- Excepciones

– Nombres de mujer y topónimos:

Ana, la Ana que yo esperaba, llegó sin novedad a la Ávila más bella de la Historia.

– Nombres de letras:

La a, la hache, la alfa.

Lo cierto es que no es una regla con la uno se sienta excesivamente cómodo (demasiadas excepciones y restricciones). En todo caso, basta con aplicarla a los sustantivos con los que estamos más habituados (aula, área, arma, agua, ansia…) y tener claro que se aplica con "el", "un", "algún" y "ningún".

"SINO" Y "SI NO"

"Sino" en el caso de sustantivo, significa "destino", va siempre junto.

Por lo general se escribe "si no" si puede reemplazarse por "si ocurre que no"," si se da el caso de que no"," si es que no" o "si… o no":

No sucederá si (ocurre que) **no se decide de una vez.**

¿Qué serían, si (es que) **no fallos garrafales, cada parada en el servicio?**

Tras "sino" se puede añadir "además", "por el contrario" o "más bien" sin que cambie el significado de la frase:

No solo lo insultó gravemente, sino que (además) **estuvo a punto de llegar a las manos.**

Como le conocen, no solo no le pondrán multa, sino que (por el contrario) **le felicitarán.**

NÚMEROS CARDINALES

Como norma, se escriben como palabra compuesta todos los números cardinales hasta el 30, incluido. A partir del 31, se formarán mediante palabras independientes. Por ejemplo:

Dieciséis, diecisiete, veintiuno, veintidós, veinticinco, veintinueve, treinta y uno, treinta y dos…

"DE QUE"

Se trata de una expresión que, mal usada, da una lamentable imagen. Sin embargo, hay veces que, aunque sospechamos que está correctamente utilizada ("Le informo de que no hay billetes"), nos suena mal y nos hace dudar.

¿Cómo saber cuándo se pone el "de" precediendo al "que"?

Se trata de una de las reglas (o trucos, como lo queráis llamar) más sencillas:

Es correcto "que" tras el "de" cuando es posible sustituir todo lo que sigue al "de" por "eso":

- "Le informo **de que** no hay billetes" es equivalente a "le informo **de eso**".

- "Todo depende **de que** llegue a tiempo" es equivalente a "todo depende **de eso**".

Sin embargo, "✘ El encargado piensa **de que** es mejor empezar", no tiene sentido tras la sustitución: "El encargado piensa **de eso**", luego, lo correcto es "El encargado piensa **que** es mejor empezar".

SENCILLA REGLA PARA LE / LA / LO

Confieso que el leísmo es uno de mis vicios, más en España y aún más en la Zona Centro, y un buen día me decidí a buscar una regla sencilla para no caer en él.

Naturalmente, se pueden encontrar las reglas a aplicar tal y como son en infinidad de textos y sitios web, pero quería, siguiendo el estilo del manual, intentar reducirlo a una norma fácil de aprender y aplicar.

- Como norma general, se utilizarán los pronombres personales átonos de complemento indirecto (**le**, **les**) cuando podamos formar la pregunta "**¿qué...?**" con los elementos de la oración (ni "dónde" ni "cuándo" ni "cómo" ni "por qué"; únicamente "**qué**") en la frase. En caso contrario, se usarán los pronombres personales átonos de complemento directo (**lo**, **los**, **la**, **las**). La mejor forma de entenderlo (como siempre) son los ejemplos:

LE vi la cabeza → **¿Qué le vi? La cabeza**

LO vi por la calle → No tiene sentido la pregunta con "qué", sino que sería, en todo caso, "¿dónde lo vi?"

   LA besé en los labios

   LE besé los labios → **¿Qué le besé?**

No pude seguirLO porque era muy veloz

No pude seguirLE la pista → ¿Qué no pude seguirle?

Como ya he indicado, la regla, tal y como es, cómo se aplica y las posibles excepciones, puede encontrarse de forma más académica y detallada en cualquier sitio dedicado a la ortografía y gramática española, pero resulta interesante dar una pauta sencilla y que abarque la mayoría de los casos.

USO DE LOS PREFIJOS

Dependiendo de ciertos factores, que indicaremos a continuación, los prefijos se escribirán separados por un guion, separados de la base o unidos a ella.

- Se escribirá el prefijo separado por un guion cuando se una a una sola palabra que comienza por mayúscula o es un número. Ejemplos:

    La selección sub-21.

    La ideología pre-Stalin.

    La época pre-LOPD.

- El prefijo irá separado cuando afecte a una expresión de más de una palabra:

    El ex primer ministro.

    La campaña pre elecciones generales.

En el resto de casos (palabras únicas, que no comienzan con mayúscula y no son números), el prefijo irá unido a la palabra, incluido, desde la última revisión, el prefijo "ex":

El exmarido.

El precontrato.

¿"DETRÁS DE MÍ"? ¿"DETRÁS MÍO"?...

Es frecuente la utilización de adjetivos posesivos (mío, tuyo, nuestro...) junto con adverbios del tipo cerca, detrás, delante, debajo, dentro, encima, enfrente.

En ocasiones, incluso, se utilizan expresiones como "estaba **detrás mío**" como muestra de cultura (suena bien, por decirlo de alguna manera), cuando, muy al contrario, se trata de oraciones mal construidas.

Sin embargo, estas construcciones pueden confundirse con otras correctas, como podría ser: "Se pasó media hora corriendo **alrededor mío**". Notar que, en estos casos, la diferencia es que estamos usando un **sustantivo** (alrededor, lado...) en lugar de un **adverbio** (detrás, delante, encima...), y por eso puede usarse el adjetivo posesivo cuando hace referencia a un sustantivo.

Como nuestro objetivo es el de aportar reglas y trucos sencillos, proponemos el ejercicio de anteponer el adjetivo posesivo átono (mi, tu, su...) al adverbio (o al sustantivo, pues esa es la diferencia) y ver qué sucede:

- CORRECTO: Corriendo alrededor **mío** -> Corriendo a **mi** alrededor

- CORRECTO: Permaneció al lado **suyo** -> Permaneció a **su** lado

- INCORRECTO: ✗ Estaba detrás **mío** -> ✗ Estaba **mi** detrás -> Estaba detrás **de mí**
- INCORRECTO: ✗ Aparcó delante **tuyo** -> ✗ Aparcó **tu** delante -> Aparcó delante **de ti**

¿"SOBRETODO" O "SOBRE TODO"?

No es un error grave, pero comienza a ser más frecuente cada día.

En primer lugar, señalar que los correctores ortográficos de los procesadores de textos, o incluso de los navegadores que tienen esta funcionalidad, son muy útiles, pero que, en ocasiones, pueden provocar, si nos fiamos ciegamente de ellos, que cometamos alguna que otra falta de ortografía.

Consultemos en el diccionario de la R.A.E. la palabra "**sobretodo**":

1. m. Prenda de vestir ancha, larga y con mangas, en general más ligera que el gabán, que se lleva sobre el traje ordinario.

2. m. Am. Abrigo o impermeable que se lleva sobre las demás prendas.

Ya está claro por qué el procesador de textos nos permite usar esa palabra y no da error: "**sobretodo**" existe, pero no tiene nada que ver con "**sobre todo**", que es lo que debe usarse cuando queremos expresar "principalmente" o "especialmente".

> **Le regañó nada más llegar, sobre todo por haberle mentido".**

La noche era fría; se alegró de haber cogido el sobretodo.

PARTICIPIOS DOBLES

En más de una ocasión se discute qué participio es el correcto entre, por ejemplo, "impreso" o imprimido", del verbo "imprimir".

En español, se aceptan solo participios dobles de tres verbos, siendo cada uno tan válido como el otro, aunque alguno pueda sonarnos mejor o peor. Estos son:

Imprimido / impreso

Freído / frito

Proveído / provisto

Hay casos en los que podría pensarse que existen dos participios válidos, pero lo que ocurre es que uno de ellos es participio del verbo en español, mientras que el otro es un adjetivo que proviene del participio en latín. Un ejemplo de este caso, sería el falso participio doble "tinto / tintado", del que solo "tintado" es participio del verbo "tintar".

ORGANISMOS OFICIALES

Cuando nombramos un organismo oficial, este se escribe en mayúsculas:

Nos acercamos al Ministerio de Cultura.

Al igual que el responsable de dicho organismo, siempre que no se incluya su nombre:

Esas fueron las declaraciones del Ministro.

Esas fueron las declaraciones del ministro Ruiz Gallardón.

Aunque no hay que confundir esta regla cuando no nos referimos a un organismo oficial o su responsable en concreto:

Ocurre lo mismo en cualquier ministerio.

Prefiero un puesto de conserje que de ministro.

Vive mejor que un ministro.

Ni tampoco confundir con cargos, graduaciones, etcétera:

El almirante Carrero Blanco fue brutalmente asesinado.

El sargento Peláez recibió la medalla al mérito.

NOMBRES DE NAVES, BUQUES O VEHÍCULOS

Estos nombres se escriben siempre en cursiva. Obviamente, todo tiene una explicación: en este caso dos.

- En la frase "El Virgen del Pilar partió veloz", no solamente se va a "quejar" el Word o cualquier otra herramienta con corrector ortográfico, sino que choca un poco el artículo masculino. La cursiva nos da una pista de que con "El Virgen del Pilar partió veloz" nos estamos refiriendo a algún tipo de nave. Eso sí; lamentablemente, el Word se seguirá "quejando".

- La cursiva evitará dobles interpretaciones. "El Príncipe Felipe ha vuelto en un estado lamentable y lleno de suciedad"... ¿El príncipe Felipe?... La cosa quedaría menos confusa si leemos: "El Príncipe *Felipe* ha vuelto en un estado lamentable y lleno de suciedad". ¡Ah! ¡Es eso! Se refería al portaaviones Príncipe Felipe...

GENTILICIOS E IDIOMAS

Por mucho cariño que le tenga uno a su ciudad, región o patria, los gentilicios y nombres de idiomas van en minúsculas:

> **Nací en Segovia, pero me siento madrileño.**
>
> **La mayoría de los presentes eran españoles.**
>
> **Al cabo de un mes, ya dominaba el francés.**

Sin embargo, no hay que confundir el gentilicio con:

> **Aunque nacido en La Habana, le apodaban el Español.**

En este caso, se refiere a un apodo, que se escribe en mayúsculas, como si se tratase de un nombre propio.

Una salvedad podría ser cuando nos referimos a toda una nacionalidad en singular: "el Pueblo **E**spañol", pero nunca "los **E**spañoles", sino "los **e**spañoles"

DÍAS DE LA SEMANA, MES Y ESTACIONES

A diferencia del inglés, que puede llevarnos a confusión, los días de la semana, del mes y las estaciones no comienzan en mayúscula en español:

Hoy es miércoles, 20 de enero de 2013.

Te veo el próximo martes.

Estoy deseando que llegue la primavera.

Las únicas excepciones se dan cuando forman parte de un nombre:

Parecía estar anclado en aquel lejano Viernes Sangriento.

Después del éxito del Domingo de Ramos, esperaba con ilusión participar en la procesión del Jueves Santo.

Era un nostálgico que seguía añorando el animado Mayo del 68.

Ha sido una víctima más de la Primavera Árabe.

"ENTRETANTO" Y "ENTRE TANTO"

En este caso, salvo por la salvedad que se menciona al final, no hay problema por usar cualquiera de las dos formas al escribirlo:

Entre tanto, aprovechó para calentar la sopa.

Entretanto, aprovechó para calentar la sopa.

Las dos frases son correctas y significan lo mismo.

Únicamente hay que tener cuidado de utilizar el adverbio de tiempo "entretanto" cuando tenga precisamente ese significado en la frase (durante algún tiempo intermedio), pues, en caso contrario, será un uso incorrecto:

✕ No sabía qué opinar entretanto especialista.

Un truco para evitarlo es usar "entretanto" cuando se pueda sustituir por "en tanto" o "mientras tanto".

En este caso, hay que escribir:

No sabía qué opinar entre tanto especialista.

"M" ANTES DE "B" Y "P"

Es una regla simple e inflexible: antes de "b" o "p" nunca se pondrá "n", siempre "m".

También

Empezar

Ámbito

La norma llega hasta el punto de cambiar la forma de escribir un prefijo cuando la palabra empieza por "b" o "p":

In + posible → imposible

SIGLAS Y ACRÓNIMOS

Una sigla es la palabra formada por las letras iniciales de una expresión o conjunto de palabras que tienen un significado propio cuando están juntas:

JPG → Joint Photographic Experts Group

TC → Tribunal Constitucional

IPC → Índice de Precios al Consumo

Las siglas irán siempre en mayúsculas y sin puntos. No pueden dividirse con guion para saltar de línea.

En caso de necesitar género, será el de la primera palabra de la sigla:

La ONU

El IPC

El acrónimo es la palabra resultante de unir los elementos de dos palabras, en general, el principio de la primera y el final de la última:

Ofimática → (Ofi)cina infor(mática)

Sónar → So(und) n(avigation) a(nd) r(anging)

El acrónimo, a diferencia de las siglas, se escribe en minúsculas y llevará, si procede, tilde.

Cuando, por el uso continuado, un conjunto de siglas pasa a considerarse una palabra a todos los efectos, se considerará acrónimo:

Láser → Light Amplification by Stimulated Emission of Radiation

No hay que confundir el uso de prefijos con acrónimos: "teletrabajo","automóvil".

ESCRIBIR NO ES LO MISMO QUE HABLAR

Aunque parezca una obviedad, tenemos que tener cuidado y saber que no siempre se corresponde lo hablado con lo escrito.

En primer lugar, hay que tener en cuenta los distintos acentos y pronunciaciones según el país y región, que hacen que se supriman o sustituyan letras al pronunciar.

Una buena práctica, que evitaría la dispersión y pérdida de homogeneidad de la lengua escrita, es la de no trasladar las distintas formas de pronunciar a lo escrito.

Dejando de lado estas diferencias regionales entre lo hablado y lo escrito, ya se ha comentado que no siempre las pausas que hacemos al hablar se corresponden con una coma u otro signo de puntuación, y pueden deberse a una forma de expresarse o un recurso para darle un significado especial a la frase.

Otra ocasión en la que no hablamos tal y como escribimos es a la hora de pronunciar y acentuar los nombres compuestos: decimos "Josemaría" o "Mariajosé", pero escribimos "José María" y "María José".

No tiene nada de particular, y nada tiene que ver con otro tipo de usos que sí son vulgarismos y tergiversan el idioma.

Vulgarismos y palabras o expresiones mal formadas, incorrectas o mal utilizadas

Una vez nos hemos propuesto escribir o hablar bien (mimar nuestra lengua, en definitiva), puede ser conveniente repasar palabras o expresiones que pueden parecer correctas (dependiendo de muchos factores y del país) pero que no lo son.

Dado lo heterogéneo de los hispanohablantes que lean o consulten este manual, habrá quien encuentre este capítulo demasiado obvio, otros interesante o incluso útil. De lo que se trata es de mejorar, y si a alguno no le hacía falta este apartado, tanto mejor.

Muchas entradas estarán aceptadas, aunque sea recomendable no utilizarlas así, mientras que otras habrá que evitarlas a toda costa.

No se incluyen palabras o expresiones que tienen un significado propio en algún país o países de habla hispana distinto que en el resto, ya que, más que tratarse de un mal uso, representa la diversidad y riqueza del idioma español.

A día de hoy

Aunque pueda parecer culto, y lo veamos expresado así en documentos y medios de comunicación, las expresiones:

> × **A día de hoy, no se han producido más accidentes.**
>
> × **No se tienen noticias de los secuestradores al día de hoy.**

Son erróneas (son expresiones que provienen del francés). Lo correcto sería, por ejemplo:

> **Hasta hoy no se han producido más accidentes.**
>
> **No se tienen noticias de los secuestradores hasta el momento.**

× Alante

La palabra "alante" no existe, por lo que, en lugar de:

> × **Te espero allí alante.**

Tendríamos que decir:

> **Te espero allí adelante.**

× Aperturar

Probablemente, se confunde la existencia de la palabra "apertura" con la del inexistente verbo "aperturar".

> × **Tardó más de la cuenta en aperturar la exposición.**

Es erróneo, debiendo poner;

**Tardó más de la cuenta en abrir
la exposición.**

"Aparte" y "a parte"

Mucha gente cree que no se debe escribir "aparte", todo junto, y lo escriben separado casi en cualquier contexto:

✗ **Guardé las herramientas y dejé a parte
las maderas.**

✗ **Mejor es que a parte las verduras porque
no me gustan.**

Las frases son erróneas, y deberían ser:

**Guardé las herramientas y dejé aparte
las maderas.**

**Mejor es que aparte las verduras porque
no me gustan.**

En contra de lo que algunos piensan, "a parte" sólo se utilizará en frases del tipo:

Informó solo a parte del personal. (Equivalente a "una parte", "una selección").

✗ Asín, ✗ asín que

Aunque ya lo recoge la R.A.E., se define como un vulgarismo y, como tal, debe evitarse.

✗ **No vino, asín que me marché**

✗ **No sé cómo pudo vestirse asín.**

Tanto en lenguaje hablado como escrito, causa muy mala impresión su utilización, debiendo usar "así":

No vino, así que me marché

No sé cómo pudo vestirse así.

✕ Barajar

"Barajear" en países como México y Cuba.

Palabra que, además de otros significados en Hispanoamérica, se usaba inicialmente para designar la mezcla de naipes. Se aceptó después como reflexión en la que se ha de optar por una de varias alternativas, por ello son incorrectas las siguientes frases:

✕ Está barajando aceptar el trabajo.

✕ No tiene otra opción que barajar un recorte salarial.

Una opción correcta sería:

Está estudiando aceptar el trabajo.

No tiene otra opción que considerar un recorte salarial.

✕ Contra más

El uso de "contra" como adverbio en lugar de "cuanto" es un vulgarismo que se escucha y se lee con demasiada frecuencia.

✕ Contra más te escucho, menos te entiendo.

Es erróneo. Hay que escribir:

> **Cuanto más te escucho, menos te entiendo.**

La única excepción es cuando se usa "contra" correctamente, como preposición:

> **Cada día se sorprendía al tener que luchar contra más oponentes.**

Pero es fácil distinguir este caso porque no puede sustituirse por "cuanto".

✕ Cónyugue

Cónyuge y ✕Cónyugue

De entrada, antes de nada, decir que "cónyugue" es incorrecto; no existe. ¿Por qué muchas personas pronuncian o escriben así la palabra "cónyuge"? Es difícil contestar, aunque hay quienes opinan que la "ge" no suena del todo bien en este caso y se tiende a considerar (erróneamente) que o bien es "gue" o bien se puede pronunciar de las dos formas pero es más culta con "gue".

En todo caso, lo correcto (no lo más correcto, sino lo único correcto) es:

Cónyuge

✕ De motu propio

Uno de los peores errores que podemos cometer es el de pretender ser cultos y cultivados y manejar expresiones cultas o rebuscadas que no sabemos escribir correctamente, como es el caso de decir, por ejemplo:

> ✕ **Mejor que se entregue él de motu propio.**

Esa expresión latina no se escribe así, y además por dos razones:

1. Aunque "propio" nos suene más correcto, no lo es, aunque pueda resultar más familiar que el original: "prop**r**io".

2. La expresión, no se usa con "de" por delante, pues equivale a "voluntariamente", y no se escribe "de voluntariamente".

Por ello, la frase correcta es:

Mejor que se entregue él motu proprio.

Decimoprimero y decimosegundo

Aunque ambos ordinales están aceptados, es recomendable el uso de "undécimo" y "duodécimo".

Del y de El, al y a El

Las dos contracciones ("del" y "al") están claras y es incorrecto poner separadas las dos palabras, salvo cuando el artículo "el" forme parte de un nombre propio, en cuyo caso, además, comienza en mayúsculas:

Aunque había vivido siempre en Honduras, era de El Salvador.

El comentario hacía una clara referencia a El Álamo

Doméstico (vuelo, salidas, viajero, etc.)

Todos los usos de "doméstico" relativos al propio país ("salidas domésticas", "vuelos domésticos"...) provienen de una confusión con la palabra "domestic" en inglés ("domestic flight"), similar al ya famoso "caballeros de la tabla redonda" en lugar de "caballeros de la mesa redonda" ("tabla" por "table", en lugar de "mesa").

Aunque aceptado popularmente, y más aún en muchos países de Latinoamérica, siempre es más correcto decir "salidas nacionales" o "vuelos nacionales".

Eliminación de la letra "d" en los participios

Aunque aceptado, y aunque tengamos que escucharlo con frecuencia, (no en ambientes poco cultos, sino todo lo contrario, incluido políticos y divulgadores), eliminar la "d" del participio de los verbos es un vulgarismo.

× **El déficit está controlao**

× **Hemos acabao con la comida**

Si llama la atención negativamente en el lenguaje hablado, hay que desterrarlo por completo del lenguaje escrito.

Enclave

El significado de la palabra, en referencia a un terreno, es: "Territorio incluido en otro con diferentes características políticas, administrativas, geográficas, etc.".

Por ello, no es correcto utilizarlo como un paraje o un lugar sin la característica descrita. Es muy frecuente encontrarlo en el contexto de una zona idónea para algo o elegida por alguna razón en concreto.

En lugar de:

× **Encontraron un enclave idílico para construir el hotel.**

Podría decirse:

> **Encontraron un paraje idílico para construir el hotel.**

✗ Haiga

Es un vulgarismo bastante extendido, y no ayuda a erradicarlo el hecho de que la palabra "haiga" exista como tal (referente a una forma de denominar un automóvil grande y ostentoso) pues, como se ha comentado en otros apartados, impide que los correctores automáticos la detecten.

Es una forma incorrecta, (además de un arcaísmo), de conjugar la primera y tercera personas del presente de subjuntivo del verbo haber. Por ello, en lugar de:

> ✗ **Volveré cuando haiga más género.**
>
> ✗ **Aprobará cuando haiga estudiado más.**

Habrá que poner (o decir):

> **Volveré cuando haya más género.**
>
> **Aprobará cuando haya estudiado más.**

Como curiosidad, se dice que el término "haiga" proviene de cuando, hace décadas, a los nuevos ricos, con poca o ninguna formación, deseosos de deslumbrar y demostrar sus riquezas, se les preguntaba qué coche querían, a lo que solían contestar: «El más grande que haiga».

La "práctica totalidad"

Se trata de una expresión incorrecta y que no tiene un significado claro, por mucho que se utilice hasta la saciedad, principalmente en medios de comunicación:

✗ **La medida ha sido aceptada
por la práctica totalidad de la población.**

La expresión podría sustituirse por:

**La medida ha sido aceptada prácticamente
por la totalidad de la población.**

**La medida ha sido aceptada
por la mayor parte de la población.**

✗ Loor de multitud, ✗ mutis por el forro

Es habitual que ambas expresiones se escriban mal:

✗ **La Selección fue recibida en Madrid
en loor de multitudes** (con la admiración de muchas personas).

✗ **Ante las críticas, decidí hacer mutis por
el forro** (callarme).

Es probable que la forma correcta de la primera ("olor de multitudes") resulte algo desagradable y por eso se piense que, ante un recibimiento así, sea más adecuado "loor" (elogio).

La segunda proviene de una expresión del mundo del teatro, por eso es "mutis por el foro".

Nuestros ejemplos serían:

**La Selección fue recibida en Madrid en olor
de multitudes.**

**Ante las críticas, decidí hacer mutis
por el foro.**

Magnicidio

Por mucho que se use para designar un asesinato en masa o cualquier otro suceso similar, la palabra "magnicidio" no hace referencia a una gran tragedia, sino al asesinato de un personaje importante por el cargo o el poder que ostenta, independientemente de la brutalidad con la que sea cometido o si hubiera o no más víctimas.

✗ "Me se" y ✗ "te se"

La norma indica que, cuando haya un reflexivo ("se") y un pronombre átono ("me", "te") se pondrá SIEMPRE en primer lugar el reflexivo. Por ello, son incorrectas:

> ✗ Me se cae cada día más el pelo.
>
> ✗ No esperes a que te se acabe la batería.

Pero, el problema es que, además no ser correcto, es un mal uso que suele denotar o prejuzgar falta de cultura, lo cual se supone que queremos evitar a toda costa. Hay que poner:

> **Se me cae cada día más el pelo.**
>
> **No esperes a que se te acabe la batería.**

✗ "Muy mucho", ✗ "más mejor"…

En ocasiones, creemos que dar énfasis a las expresiones puede hacernos parecer más cultos, cuando, al contrario, hay que tener mucho cuidado por si lo que hacemos es incurrir en errores que nos alejen de esa imagen que pretendemos ofrecer.

Algunos ejemplos serían:

✗ Dependemos muy mucho de nuestra experiencia.

✗ Intentaré hacerlo más mejor.

✗ Juan es más peor que Jaime jugando al fútbol.

Todas ellas son erróneas y, además, la inclusión de "muy" y "más" no aportan más intensidad al significado de la oración.

En todo caso, si queremos hacer hincapié en la intensidad de lo expresado, podemos poner, por ejemplo:

Dependemos muchísimo de nuestra experiencia.

Intentaré hacerlo mucho/infinitamente mejor.

Juan es mucho/claramente peor que Jaime jugando al fútbol.

Sin embargo, no debemos confundirnos con el uso de la palabra "mayor", ya que es correcto decir:

Mi abuelo es más mayor que el tuyo.

Ya que "mayor", además de forma comparativa de "grande", puede estar usándose como adjetivo en grado positivo (equivalente a "de edad avanzada") y, por lo tanto, estamos expresando que uno de los abuelos es más viejo que el otro.

Obviamente, se trata de una excepción aplicable en ciertos contextos, no siendo correcto decir "mi coche es más mayor que el tuyo", ya que aquí estamos usando "mayor" como comparativa de tamaño, equivalente a "más grande", no como un atributo relativo a la edad.

Ordinales

Cada vez con más frecuencia, escuchamos expresiones como:

> ✗ Celebró el <u>treceavo</u> aniversario
> en el Parque de Atracciones.

Es incorrecto, pues "treceavo" se refiere a cada una de las 13 partes iguales en las que se divide algo, no a un hecho que, como en el ejemplo, ha ocurrido ya trece veces.

Lo correcto sería:

> Celebró el <u>decimotercer</u> aniversario
> en el Parque de Atracciones.

Ante la duda, y si no se sabe en un momento dado cómo se construye el ordinal que se corresponde, siempre es mejor sustituirlo por "los trece años de matrimonio " o "el 13 aniversario", pero nunca por "el treceavo", pues no tiene que ver con lo que queremos decir.

Por si sirve de ayuda, los ordinales se construyen hasta el 99 como sigue:

Primero

Segundo

Tercero

Cuarto

Quinto

Sexto

Séptimo

Octavo

Noveno

Décimo

Undécimo

Duodécimo

Decimotercero

Decimocuarto, decimoquinto, etc.

Vigésimo, vigesimoprimero, vigesimosegundo, etc.

Trigésimo, trigésimo primero, trigésimo segundo, etc

Cuadragésimo, cuadragésimo primero, cuadragésimo segundo, etc.

Quincuagésimo, quincuagésimo primero, quincuagésimo segundo, etc.

Sexagésimo, sexagésimo primero, sexagésimo segundo, etc.

Septuagésimo, septuagésimo primero, septuagésimo segundo, etc.

Octogésimo, octogésimo primero, octogésimo segundo, etc.

Nonagésimo, nonagésimo primero, nonagésimo segundo, etc.

De todas formas, según el contexto, basta con nombrar con número y no caer en el error de usar el adjetivo número+avo (como "treceavo").

Plurales de siglas

Hay cierta confusión a la hora de expresar el plural cuando se trata de siglas.

En español, las siglas no tienen plural, por lo que no son correctas las siguientes expresiones:

> ✕ Dio dinero a varias ONG's.
> ✕ Arregló los tres PCs.
> ✕ No conseguía recordar ninguna de las URLS.

Como puede verse en los ejemplos, es fácil deducir el plural de las siglas en el contexto de cada frase:

> **Dio dinero a varias ONG.**
> **Arregló los tres PC.**
> **No conseguía recordar ninguna de las URL.**

✕ Preveer

Prever y proveer

No hay mucho que decir sobre ambos verbos. El primero significa, a grandes rasgos, ver algo por anticipado y el segundo suministrar, preparar o hacer acopio de algo para un fin determinado.

El fallo, que cada vez es más frecuente, consiste pronunciar o escribir "preveer", palabra que no existe en el idioma español, y que no es más que la equivocada idea de que estamos pronunciando correctamente. El motivo puede estar en la similitud con el verbo "proveer".

Para no confundirnos, basta con pensar en el origen de la palabra: el prefijo "pre" antepuesto al verbo "ver".

Quizás

Como ocurre con "talvez", aunque esté aceptado, es más correcto decir "quizá"

Quizá, tenga en cuenta tu consejo.

Retintín / rintintín y demás frases hechas, palabras o expresiones desvirtuadas

La palabra "retintín" ya es de por sí una variante de la original, "retiñir", modificada con el paso del tiempo por semejanza con el sonido de la campana (onomatopeya).

En ocasiones, principalmente en España (y muy frecuentemente en Madrid), cuando se usa con el significado de tono irónico de voz, con cierta burla, se sustituye por "rintintín" o "ritintín", palabras inexistentes y que se adoptan por similitud con el protagonista canino de la ya antigua serie estadounidense: el perro Rin-Tin-Tin (o también Rin Tin Tin). El correcto uso de la palabra sería:

Me dijo que bailaba bien, pero me enfadé porque lo decía con retintín, burlándose de mí.

No es extraño escuchar variaciones libres de expresiones, dichos o refranes, cambiando palabras por otras parecidas, y haciendo, además de que pierdan su significado original, que causemos una mala impresión. Ante la duda, como siempre, mejor no usar una expresión o frase hecha si no estamos seguros de cómo se dice o escribe.

Otro ejemplo: la frase castellana "mezclar churras con merinas", alude a dos razas de ovejas, en referencia al aviso de no relacionar o confundir dos cosas que, aunque parecidas, no deben mezclarse (las churras son mejores para la alimentación y las merinas para la lana, por lo que su cruce no es conveniente). Sin embargo, con el tiempo, y el abandono del medio rural, no es extraño escuchar variantes que han perdido el sentido, aunque la frase venga a significar lo mismo:

    × **Mezclar los <u>churros</u> con las merinas**

    × **Mezclar las churras con las <u>meninas</u>**

Pero, claro, con semejantes comparaciones, ¿quién iba a confundir tan castizo desayuno con una oveja o una oveja con una dama de familia noble que sirve a la realeza?...

Dada la variedad de las frases hechas según el país, incluso la región, puede no resultar conveniente ahondar más en ellas, aunque sí deberían mantenerse como son, pues, detrás de cada una, suele haber una explicación y un origen muy interesantes, formando parte de la riqueza y variedad del idioma español.

<u>Subir</u> × <u>abordo / a bordo</u>

Cuando se habla del interior de una nave, y por extensión de cualquier otro vehículo, se utiliza erróneamente la palabra "abordo":

    × **Hicieron una gran fiesta**
    abordo del yate.

    × **Podía comprar barato el perfume**
    abordo del avión.

Las frases son incorrectas. Las correctas serían:

    Hicieron una gran fiesta
    a bordo del yate.

> **Podía comprar barato el perfume
> a bordo del avión.**

"Abordo" es la primera persona del presente del verbo "abordar" o, como sustantivo y muy poco usado, sinónimo de "abordaje" y, únicamente, tendría sentido en frases como:

> **Como soy valiente, abordo** (de "abordar")
> **los problemas con rapidez.**

> **El velero no pudo resistir el abordo**
> (por "abordaje") **de los piratas.**

Talvez

Aunque esté aceptado, la expresión más correcta sería separando en dos palabras:

> **Tal vez sea mejor dejarlo para mañana.**

Temperaturas bajo cero

Es incorrecto el uso (cada vez más extendido):

> ✗ **Llegaron a registrarse temperaturas
> de menos 15 grados bajo cero.**

Es una expresión redundante y, en el peor de los casos, los valores negativos se anularían y la temperatura sería de 15 grados positivos.

La forma correcta de indicar temperaturas negativas es:

> **Llegaron a registrarse temperaturas
> de 15 grados bajo cero.**

O bien (aunque es preferible la anterior):

**Llegaron a registrarse temperaturas
de 15 grados negativos.**

**Llegaron a registrarse temperaturas
de menos 15 grados.**

✗ Tilde en la letra "o" entre números

Antiguamente, debido a la similitud entre la letra "o" y el "0" (cero), se aconsejaba poner una tilde cuando se utilizaba de conjunción entre números, habiendo quien, incluso, la tildaba (el uso del verbo "tildar" es correcto aquí) aunque no estuviese entre números:

✗ **Vendrá en 1 ó 2 minutos.**

✗ **Tendrá que elegir entre carne ó pescado.**

Hoy en día, ya no es correcto, y puede llegar a considerarse un vano intento de parecer cultos (que suele dar precisamente la impresión contraria).

Con la mejora de los sistemas de impresión ya no es necesario y se escribe:

Vendrá en 1 o 2 minutos.

Tendrá que elegir entre carne o pescado.

✗ Vinistes, estuvistes...

Se trata de añadir una "s" al final de la segunda persona del pretérito perfecto:

(Yo) vine

(Tú) viniste

(Vos) viniste

(Él/Ella/Ello/Usted) vino

(Nosotros) vinimos

(Vosotros) vinisteis

(Ellos/Ellas/Ustedes) vinieron

De esta forma, es incorrecto:

> ✗ Pedro, ayer <u>vinistes</u> tarde.
>
> ✗ No eres un buen actor y no <u>estuvistes</u> a la altura requerida.

Debiendo poner:

> **Pedro, ayer <u>viniste</u> tarde.**
>
> **No eres un buen actor y no <u>estuviste</u> a la altura requerida.**

<u>Zigzag</u>

Es una palabra completa, por lo que es erróneo escribirla con espacio ("zig zag") o con guion ("zig-zag").

No a las confusiones

A continuación, vamos a repasar parejas de palabras que, aunque parecidas ortográfica o fonéticamente, no tienen el mismo significado. La recopilación original, en la que me he basado, es de Gerardo Muñoz, que ha incluido en su web www.curiosidario.es, y que usó como textos de consulta, principalmente, el Diccionario panhispánico de Dudas, el Diccionario crítico etimológico de Corominas y, por supuesto, el Diccionario de la R.A.E.

- **Abertura** y **apertura**, aunque comparten etimología, no son verbos intercambiables en todos los contextos porque han especializado sus usos: "Abertura" se emplea casi siempre con el sentido de "hendidura o espacio que rompe la continuidad de una superficie, permitiendo una salida al exterior o comunicando dos espacios", y rara vez se usa para designar la acción o el efecto de abrir; "apertura", por el contrario, sí que se usa frecuentemente para este último significado, o para la acción de dar comienzo a un acto público, una temporada de estudios o espectáculos, una partida, un expediente administrativo, etcétera.

- **Acerbo** "áspero", "cruel" y **acervo** "conjunto de bienes".

- **Acmé** y **acné**, ambos términos médicos pero con diferentes significados: "período de mayor intensidad de una enfermedad" (acmé) y "enfermedad de la piel" (acné).

- **Acoquinar** "acobardar" y **apoquinar** "pagar".

- **Actitud** "disposición de ánimo" y **aptitud** "capacidad", "calidad", "idoneidad".

- **Adicción** "dependencia del consumo de alguna sustancia o de la práctica de una actividad" y **adición** "acción y efecto de añadir", "sumar".

- **Alcaide** "gobernador de una cárcel" y **alcalde** "gobernador de un municipio".

- **Algarada** y **algazara** tuvieron antiguamente un significado común: "tropa de a caballo". Hoy, cuentan con acepciones parecidas, pero con matices diferenciadores, pues en la "algazara" el ruido es producido mayormente por los gritos: "ruido de muchas voces juntas", "ruido, gritería, aunque sea de una sola persona", mientras que en "algarada" el ruido tiene un origen menos concreto: "tumulto causado por algún tropel de gente".

- **Alimentario** "de la alimentación o de los alimentos" y **alimenticio** "que alimenta o sirve para alimentar".

- **Amarillamiento** y **amillaramiento**. Parecidas fonéticamente, son sin embargo estas dos palabras completamente distintas en su origen y significado. Como cabe esperar, "amarillamiento" o "amarilleamiento", "acción de tomar el color amarillo", es un derivado del nombre de este color, mientras que "amillaramiento" significa "acción y efecto de amillarar (regular los caudales y granjerías de los vecinos de un pueblo)" y "lista o padrón en que constan los bienes amillarados y sus titulares".

- **Apóstrofe** y **apóstrofo** tienen la misma raíz griega, pero sus respectivos significados son muy dispares: "figura retórica consistente en dirigir la palabra con vehemencia en segunda persona" y, respectivamente, "signo ortográfico que indica la elisión de una letra o cifra".

- **Apotegma** "dicho breve y sentencioso" y **apotema** "perpendicular que va desde el centro de un polígono a uno cualquiera de los lados" y "altura de las caras triangulares de una pirámide regular".

- **Aprender** y **aprehender** derivan, de forma popular y culta, respectivamente, del verbo latino Apprehendĕre "coger", "apoderarse", y son sinónimos en cuanto al significado de "llegar a conocer". Pero, por lo demás, tienen otras acepciones que no son comunes: "coger, asir" y "concebir filosóficamente las especies de las cosas" (aprehender); "memorizar" (aprender).

- **Apropósito** y **a propósito** nada tienen en común. El sustantivo "apropósito" significa "breve pieza teatral de circunstancias"; la locución "a propósito" tiene el sentido de "adecuado" y "adrede".

- **Arrear** y **arriar** tienen significados muy diferentes: "Arrear" sirve para "estimular a las bestias", "dar prisa", "caminar de prisa"; mientras que "arriar" es un verbo marinero: "bajar las velas y banderas".

- **Artritis** y **artrosis** son términos médicos con significados próximos pero distintos, tal como determinan sus respectivos sufijos: "inflamación de las articulaciones" (artritis, con sufijo griego –itis "inflamación) y "enfermedad degenerativa de las articulaciones" (artrosis, con sufijo griego –sis "estado irregular, enfermedad").

- **Azahar** y **azar** comparten el mismo étimo árabe (zahr "flores"), pero sus significados son muy diferentes: "casualidad", "desgracia imprevista", "lances de diversos juegos" (azar) y "flor blanca, y por antonomasia, la del naranjo, limonero y cidro".

- **Azular** "dar o teñir de azul" y **azulear** "dicho de alguna cosa: mostrar el color azul que en sí tiene" y "tirar a azul".

- **Basto** "grosero, tosco" y **vasto** "muy extendido o muy grande".

- **Bufé** y **bufete** son adaptaciones de la misma palabra francesa (buffet), pero mientras bufé significa "conjunto de platos dispuestos sobre una mesa para que cada comensal se sirva a su gusto", bufete hace referencia a una "mesa de escribir con cajones" o a un "estudio o despacho de abogados".

- **Cicerón** y **cicerone** son voces que aluden al mismo personaje, el orador romano Marco Tulio Cicerón

(106-43 a. C.), y tienen como base la facilidad de palabra que este poseía, pero ambas difieren en el significado: "hombre muy elocuente" (cicerón); "guía, persona que enseña y explica las curiosidades de una localidad, edificio, etc." (cicerone, de procedencia italiana).

- **Clausular** y **clausurar.** Comparten una misma y remota raíz latina, pero sus significados son diferentes: "cerrar (poner fin)", "cerrar, inhabilitar un edificio o local" (clausurar, derivado de clausura); "cerrar o terminar el periodo; poner fin a lo que se estaba diciendo" (clausular, derivado de cláusula).

- **Competer** y **competir** son duplicados tomados del latín competĕre "ir al encuentro una cosa de otra", "responder, estar de acuerdo con", "corresponder, ser adecuado, pertenecer", "pedir en competencia". Antiguamente en nuestro idioma ambos verbos significaban lo mismo: "dicho de dos o más personas: contender entre sí", "dicho de una cosa: igualar a otra análoga", pero la diferencia se estableció cuando competer se especializó con el significado "dicho de una cosa: pertenecer, tocar o incumbir a alguien".

- **Conciencia** y **consciencia** no son intercambiables en todos los contextos –explica el Diccionario Panhispánico de Dudas (2005). En sentido moral, como "capacidad de distinguir entre el bien y el mal", solo se usa la forma conciencia (…). Con el sentido general de "percepción o conocimiento", se usan ambas formas, aunque normalmente

97

se prefiere la grafía más simple (...). El adjetivo correspondiente, en todos los casos, es consciente, y su antónimo, inconsciente. No son correctas las formas *conciente ni *inconciente (...). El verbo correspondiente ("hacer que [alguien] sea consciente de algo") es concienciar (...) sustantivo concienciación».

- **Confraternar** y **confraternizar.** Son verbos muy próximos en todos los sentidos, pero no llegan a ser sinónimos debido a cierto matiz semántico: "dicho de una persona: hermanarse con otra" (confraternar); "tratarse con amistad y camaradería" (confraternizar).

- **Cuchichear** y **cuchichiar** tienen el mismo origen onomatopéyico, pero significan conceptos distintos: "hablar en voz baja o al oído de alguien" (cuchichear); "dicho de una perdiz: cantar" (cuchichiar).

- **Desinfectar** y **desinfestar**. Mientras "desinfectar" significa "quitar a algo una infección", "desinfestar" es el verbo empleado en Honduras y México con la acepción "limpiar un lugar de insectos o roedores".

- **Deudo** y **deudor**. Del latín debĭtus "debido", "deudo" significaba antiguamente "deuda", pero en la actualidad se usa solo como "pariente". Por su parte, "deudor" (del latín debĭtor, -ōris) es un adjetivo usado siempre para indicar al que debe.

- **Devanar** y **devanear**. Nada tienen en común estas dos palabras, puesto que "devanar" (del latín *depanāre, de panus "ovillo") significa "ir dando vueltas sucesivas a un hilo, alambre, cuerda, etc.", mientras que "devanear" (de de- y vanear "hablar vanamente") significa "decir o actuar con desconcierto".

- **Égida** y **hégira**. Égida (del lat. aegis, -ĭdis, y este del griego αἰγίς, -ίδος) "escudo" o "protección, defensa", nada tiene que ver con "hégira" (del francés hégire, y este del árabe clásico higrah), que se refiere a la era musulmana que se cuenta desde el 15 de julio del año 622 d. C., día de la huida de Mahoma de La Meca a Medina.

- **Elipse** y **elipsis**. Solo tienen en común en que son términos femeninos, pues el primero significa "curva plana de forma ovalada", en tanto el segundo sirve para designar la "eliminación de alguna parte del discurso".

- **Embebecer** y **embeber**. Aunque "embebecer" deriva de "embeber", y ambos tienen significados próximos, estos verbos no son sinónimos y no deben, por tanto, confundirse: "absorber", "empapar" (embeber); "entretener, divertir", "quedar embelesado" (embebecer).

- **Enjuagar** y **enjugar** no solo carecen de afinidad semántica, sino que además podrían considerarse antónimos. "Enjuagar" (antiguo enjaguar) significa "aclarar y limpiar con agua", "lavar ligeramente".

Por el contrario, "enjugar" (lat. exsucāre "dejar sin jugo") significa "quitar la humedad".

- **Escalpelo** y **escarpelo** comparten raíz latina (scalpellum) y son herramientas, pero para distintos oficios y usos: "instrumento médico en forma de cuchillo pequeño" (escalpelo); "herramienta de carpintería de hierro acerado y mango de madera" (escarpelo).

- **Especia** y **especie** proceden de la misma palabra latina (specĭes), que tenía varias acepciones: "mirada", "aspecto", "apariencia", "tipo, especie", "mercancía"... Con esta última ("artículo comercial, mercancía") tomó el español primitivo la voz "especia", que se especializó posteriormente en artículos tales como clavo, pimienta, azafrán, etc. Poco después apareció "especie", que tomó el significado latino de "apariencia", y de ahí a las acepciones modernas.

- **Ex abrupto** y **exabrupto**. La segunda deriva de la primera, pero tienen significados diferentes: "de repente", "de improviso" (ex abrupto, locución adverbial que en latín significaba, literalmente, "con brusquedad") y "salida de tono" (exabrupto).

- **Gira** (de girar) "excursión o viaje de una o varias personas por distintos lugares, con vuelta al punto de partida" no debe confundirse con **jira** (del francés [bonne] chère "[buena] comida") "banquete o merienda, especialmente campestres, entre amigos, con regocijo y bulla".

- **Gorgorear** (gorgoritear en Andalucía, Bolivia y Chile) y **gorgotear** proceden de la misma voz onomatopéyica: gorgor, pero sus significados son muy distintos. De gorgor derivaron gorgorito "quiebro que se hace en la voz, especialmente al cantar", y gorgoteo "acción y efecto de gorgotear". De gorgorito surgió el verbo gorgorear (o gorgoritear) "hacer quiebros con la voz en la garganta, especialmente en el canto". De gorgoteo salió el verbo gorgotear "dicho de un líquido o de un gas: producir ruido al moverse en el interior de alguna cavidad", "borbotear".

- **Hipérbola** "curva cónica simétrica" e **hipérbole** "exageración".

- **Hockey** o **jóquey** y **yóquey** o **yoqui**. Solo tienen en común su anglicismo. Del inglés "jockey" la Academia ha admitido las adaptaciones gráficas "yóquey" o "yoqui", "jinete profesional de carreras de caballos". Por otra parte, de la voz inglesa "hockey", "juego entre dos equipos", la Academia ha propuesto la adaptación (aún no está en el D.R.A.E.) "jóquey".

- **Hojalatero** (de hojalata) "fabricante o vendedor de piezas de hojalata" y **ojalatero** (de ojalá), adjetivo coloquial y en desuso con el que se designaba al "que, en las contiendas civiles, se limitaba a desear el triunfo de su partido".

- **Hojear** y **ojear** tienen un significado muy próximo, pero que no llega a ser iguales. "Hojear" (de hoja) es "mover o pasar ligeramente las hojas de un libro o de un cuaderno"; "ojear" (de ojo) significa "mirar alguna parte", "lanzar ojeadas a algo", "mirar superficialmente un texto".

- **Huevos** y **uebos** son vocablos distintos y tienen significados muy diferentes, a pesar de que hubo una época en que ambas voces se escribían igual: "huevos". Pero, "uebos" no tiene nada que ver con la gallina ni con los atributos varoniles. Procedente del latín opus "necesidad", "uebos" significaba en el español antiguo "necesidad, cosa necesaria" y era usado en expresiones tales como "uebos me es, uebos nos es o uebos de lidiar". Con el tiempo derivaron estas expresiones trocando el tradicional "uebos" por "huevos" (siempre en plural), por lo que en la actualidad se cree que se alude a los atributos del varón cuando alguien expresa que tal cosa hay que "hacerla por huevos". Aunque antigua, es preferible emplear la forma clásica "hacerlo por uebos", por necesidad, pues también las mujeres pueden verse obligadas a hacer las cosas por lo mismo.

- **Indiciar, indicar** e **indizar** o **indexar** comparten el mismo origen, pero tienen significados distintos: "dar indicios" y "sospechar" (indiciar); "mostrar o significar algo con indicios y señales" y "recetar remedios un médico" (indicar); "hacer índices", "registrar ordenadamente datos e informaciones, para elaborar su índice" (indizar o indexar).

- **Inerme** "indefenso o sin armas", **inerte** "sin vida o sin movimiento" e **indemne** "libre o exento de daño".

- **Inferir** "sacar una consecuencia", "llevar consigo", "producir ofensas" e **interferir** "interponer algo en el camino de otra cosa", "interrumpir una señal a otra".

- **Infligir** "causar daño", "imponer un castigo" e **infringir** "quebrantar leyes, órdenes, etc.".

- **Ingerir**: "introducir por la boca la comida, bebida o medicamentos" e injerir "meter una cosa en otra". El sustantivo de "ingerir" es "ingestión", mientras que el de "injerir" es "injerencia". Tampoco es lo mismo "injerir" (transitivo) que injerirse (pronominal), ya que este último significa "entremeterse, introducirse en una dependencia o negocio".

- **Inicialar, inicializar** e **iniciar** tienen el mismo origen pero significados distintos: en Cuba y Puerto Rico, "dicho de una persona: firmar un documento oficial solo con las iniciales de su nombre y apellido", casi siempre de manera provisional y como paso previo para la firma definitiva (inicialar); en informática, "establecer los valores iniciales para la ejecución de un programa" (inicializar); "empezar" (iniciar).

- **Intimar** "requerir, exigir el cumplimiento de algo" e "introducirse en el afecto o ánimo de alguien, estrechar la amistad con él", no debe confundirse con **intimidar** "causar o infundir miedo".

- **Lapso** "tiempo entre dos límites" y **lapsus** "falta o equivocación cometida por descuido".

- **Latente** "oculto, escondido o aparentemente inactivo" y **latiente** "que late". Es un error muy común confundir ambos vocablos, incluso entre gente culta, pues desde hace tiempo se ha usado hasta en lengua escrita "latente" en el sentido de "palpitante" o "vivo, intenso", por creerlo participio del verbo "latir", cuando en realidad este es "latiente".

- **Laso**, referido a una persona es "Cansado, desfallecido, falto de fuerzas", mientras que **laxo** se refiere a un objeto "Flojo, que no tiene la tensión que naturalmente debe tener" o, dicho de la moral, "Relajada, libre o poco sana".

- **Maniaco** o **maníaco** "que padece manía" no debe confundirse con **maniático** "que tiene manías". La diferencia radica en las dos primeras acepciones de "manía": "especie de locura, caracterizada por delirio general, agitación y tendencia al furor" (maniaco o maníaco) y "extravagancia, preocupación caprichosa por un tema o cosa determinada" (maniático).

- **Matahambre** "especie de mazapán" en Cuba y República Dominicana y **matambre** "capa de carne o fiambre" en Argentina, Bolivia, Paraguay y Uruguay.

- **Nobel** "premio otorgado anualmente por la fundación sueca Alfred Nobel", "persona o institución galardonada con este premio" y **novel** "que se estrena en una actividad".

- **Orín** y **orina** son palabras distintas en todos los aspectos, pero desde hace mucho tiempo se ha tendido a confundir ambas, sobre todo en el lenguaje hablado. Gran parte de culpa de este equívoco se debe al plural de "orina", que coincide con el de "orín": "orines". Pero, ambas voces tienen etimología diferente y significados distintos: "óxido rojizo que se forma en la superficie del hierro" (orín); "líquido excrementicio que secretan los riñones" (orina).

- **Pelícano** "ave acuática" y **pelicano** "que tiene cano el pelo".

- **Permisibilidad** "cualidad de permisible (que se puede permitir)" y **permisividad** "cualidad de permisivo (que permite o consiente)" y "tolerancia excesiva". "Permisibilidad" no figura en el D.R.A.E., pero sí en el Diccionario panhispánico de dudas (2005) y, a mayor abundamiento, en respuesta a una consulta hecha el 13 de abril de 2010 la Academia aclaró que «no todos los derivados correctamente formados figuran en el D.R.A.E. con artículo propio, lo cual no significa que su empleo sea censurable. "Permisibilidad" es el derivado sustantivo correctamente formado sobre el adjetivo "permisible" para indicar la cualidad o condición de lo indicado por dicho adjetivo».

- **Reverter** "rebosar" y **revertir** "volver una cosa al estado o condición que tuvo antes".

- **Reivindicar/revindicar:** se trata de dos verbos que, aunque muy similares de aspecto, significan cosas distintas: "Reivindicar" significa reclamar algo porque se tiene (o se cree que tiene) derecho, argumentar a favor de alguien o reclamar la autoría de una acción. No hay que confundirla con "revindicar", que se utiliza menos y significa defender a quien se ha injuriado.

- **Utilería** "conjunto de objetos y enseres necesarios para una representación escénica" y **utillaje** "conjunto de útiles necesarios para una industria o trabajo".

- **Vergonzante** "que tiene vergüenza", se dice regularmente de quien pide limosna con cierto disimulo, y **vergonzoso,** "que causa vergüenza", "que se avergüenza con facilidad".

Palabras con distinto significado según el país o región

¿Por qué no es conveniente que un sastre diga en México que se dedica a las chaquetas?

¿Debes decirle en Guatemala a una mujer que si te deja ver su cuchara?

No, mejor no hagas la prueba y sigue leyendo, pero, antes de eso, advertirte que la gran cantidad de palabras que aparecerán para referirse a los genitales humanos no es fruto de ninguna obsesión del autor por buscar ese significado en concreto.

Este capítulo bien podría (como tantos otros de esta guía) ocupar por sí mismo una sola publicación, dada la diversidad y riqueza del idioma, así que, una vez más, tengo que decir que se trata tan solo de llamar la atención sobre una realidad e ilustrarla con ejemplos. Por favor, que nadie se sienta ofendido al no encontrar algún uso de su país o una palabra con más de un significado local que él conozca; puede que no se muestre aquí ni la décima parte del total.

Sobre los ejemplos, como era de esperar, he recopilado aquellos más llamativos: por la gran diferencia de significados, por el riesgo de crear una situación embarazosa o por lo curiosos que resulten. En principio, salvo los muy populares y otras excepciones, se incluyen aquellos recogidos por la R.A.E. También hay que tener en cuenta que se indican los países en los que una acepción está más extendida, lo cual no quiere decir que no se use también en otros.

Algunos significados no son más que derivaciones del general o tienen cierta relación, como "bonche", que puede tener como significado problema, algarada, fiesta y algunas más; o "tortilla", que se usa para referirse a alimentos, aunque sean distintos. En estos casos, se entiende que no son palabras conflictivas y que se puede terminar por entender su uso por el contexto.

Algunas de estas palabras, ni mucho menos todas, ordenadas alfabéticamente, y sin incluir las acepciones de todos los países, serían (En primer lugar, y sin indicar país, pondremos el uso más extendido):

- **Acabar:** terminar / tener un orgasmo (Argentina).

- **Arrocero:** relativo al arroz / persona que asiste a fiestas sin invitación (Venezuela).

- **Bollo:** pieza esponjosa hecha con masa de harina y agua y cocida al horno / lesbiana o relativo a una lesbiana (España) / homosexual, amanerado o poco varonil (Perú) / daño en la carrocería de un auto (Argentina y España) / persona atractiva (Colombia) / genitales femeninos (Cuba).

- **Buzo:** que practica el buceo / espabilado, vivo (El Salvador, México) / chándal (Honduras) / voyeur (Venezuela) / listo (Guatemala) / jersey (Uruguay).

- **Caña**: en general, tallo de las plantas gramíneas, por lo común hueco y nudoso / vaso de cerveza de barril (España) / vaso de vino (Chile).

- **Carro**: dependiendo del país, se refiere solo a una carreta, normalmente tirada por animales, o bien a un automóvil.

- **Changa:** trato o negocio de poca importancia / burla o broma (Andalucía, América Meridional y Cuba) / trabajo transitorio o de poca importancia (Argentina y Uruguay) / insecto dañino para las plantas (Puerto Rico) / colilla de cigarro de marihuana (Puerto Rico) / mono (México) / niña o muchacha (Colombia) /niño o muchacho (parte de Argentina y Bolivia).

- **Chaqueta:** prenda de vestir / masturbación (parte de El Salvador y México).

- **Chingar:** molestar o, de forma malsonante, tener relaciones sexuales / vulgarmente, robar (España) / en varios países, algunos en la forma "chingarla", equivocarse, fallar, errar.

- **Chiripa:** suerte, jugada (originalmente, del billar) que sale por casualidad / especie de cucaracha (Venezuela).

- **Chocante:** que causa extrañeza; gracioso / antipático, fastidioso, presuntuoso; desagradable, que causa incomodidad (varios países en América).

- **Choro:** vulgarmente, ladrón, ratero / mejillón (Bolivia y Chile) / vulgarmente, vulva (Chile).

- **Chulo:** que habla o que obra con chulería / guapo (Guatemala, Honduras, México y Puerto Rico) /proxeneta; hombre que vive de las mujeres (España)

- **Coger:** agarrar, sujetar / vulgarmente, realizar el acto sexual (Argentina, México, Perú y Venezuela).

- **Concha:** cubierta que protege el cuerpo de los moluscos / vulgarmente, vulva (Argentina, Chile, Perú y Uruguay).

- **Conejo:** mamífero del orden de los Lagomorfos / vulgarmente, vulva (España).

- **Coño:** vulgarmente, vulva y vagina del aparato genital femenino / despectivamente, español (Chile) / tipo, individuo (Venezuela) / tacaño, miserable (Chile y Ecuador).

- **Cuca:** vulgarmente, vulva (Colombia, Guatemala y Venezuela) /persona avispada (España) / pene (España y Nicaragua) / como femenino, bonito y llamativo (España) / cucaracha (El Salvador y España).

- **Cuchara:** utensilio que sirve, especialmente, para llevar a la boca los alimentos líquidos / vulgarmente, vulva (El Salvador y Guatemala).

- **Fatiga:** agitación duradera, cansancio, trabajo intenso y prolongado / ganas de vomitar, arcadas (en algunas regiones y sur de España).

- **Flojo:** mal atado, poco apretado o poco tirante / vago, perezoso, negligente, descuidado (varios países, en América y sur de España).

- **Gafo:** que tiene los dedos encorvados y sin movimiento / ganas de tener encuentro sexual (Honduras) /de poca inteligencia o que hace o dice torpezas (Venezuela).

- **Guapo:** bien parecido / enfadado (República Dominicana) / proxeneta (Cuba).

- **Hueva:** masa que forman los huevecillos de ciertos pescados / vulgarmente, testículo (Colombia) / pereza (Guatemala y Colombia).

- **Lisura:** igualdad y tersura de la superficie de algo / palabra o acción grosera e irrespetuosa (Bolivia, Ecuador, Guatemala, Honduras, Panamá y Perú).

- **Loba:** hembra del lobo / mujer sensualmente atractiva (Uruguay) / mujer promiscua (Argentina y Colombia) / femenino de arisco o huraño (Chile).

- **Machete:** arma blanca, más corta que la espada, ancha, pesada y de un solo filo / chuleta, apunte para copiar en los exámenes (Argentina, España y Colombia) /trabajo (Nicaragua) / persona avara y mezquina (Uruguay) / hombre eficaz; cosa buena; vulgarmente, pene (Venezuela).

- **Mamón:** que todavía mama / insulto (principalmente en España) / felación (Chile).

- **Minga:** vulgarmente, pene / Reunión de amigos y vecinos para hacer algo en común (Argentina, Chile, Colombia, Ecuador, Paraguay y Perú)

- **Paja:** caña de trigo, cebada, centeno y otras gramíneas, después de seca y separada del grano /

vulgarmente, masturbación (Colombia, España y Venezuela) / tontería; fanfarronería (El Salvador).

- **Papaya:** fruto del papayo / vulgarmente, genitales femeninos (Cuba y Nicaragua).

- **Pato**: ave palmípeda / hombre homosexual o afeminado (varios países de América) / juego de fuerza y habilidad entre jinetes; competición deportiva en equipo en la que se intenta introducir en el aro una pelota de seis asas llamada pato (Argentina) / objeto para la recogida de excrementos u orina del enfermo (Colombia, Cuba, Ecuador, El Salvador y Venezuela) / persona víctima de burlas y groserías (Ecuador).

- **Pendejo:** pelo que nace en el pubis y en las ingles / astuto y taimado (Perú) / muchacho, adolescente (Argentina y Uruguay).

- **Pitillo:** cigarrillo / tubo para sorber líquidos (Colombia y Venezuela) / canutillo, planta silvestre (Cuba) / vulgarmente, pene (México).

- **Rabo:** cola, extremidad de la columna vertebral de algunos animales / vulgarmente, pene (España) / trasero (Colombia, Costa Rica y Venezuela) / persona que gusta de andar siguiendo o acompañando a otras (Costa Rica).

- **Ratón:** mamífero roedor / pequeño aparato manual conectado a una computadora, cuya función es mover el cursor en la pantalla para dar órdenes (España, por "mouse") / bíceps (Costa Rica) / resaca (Venezuela) / engreimiento (Uruguay).

- **Sapo:** anfibio anuro de cuerpo rechoncho y robusto, ojos saltones, extremidades cortas y piel de aspecto verrugoso / soplón, delator (Colombia, Costa Rica y Venezuela) / persona que importuna con su presencia a una pareja de enamorados (Cuba) / persona de baja estatura (El Salvador, Guatemala, Honduras y México) / mirón, espía (Chile y Perú) / despectivamente, policía (Costa Rica) / persona muy despierta, vivaz y astuta (Ecuador y Perú) / suerte en el juego del billar (Chile).

- **Torta:** masa de harina, con otros ingredientes, de forma redonda, que se cuece a fuego lento / bofetada (España y varios países más) / tarta (varios países de América) / vulgarmente, relación lésbica (Perú).

- **Violín:** instrumento musical de cuerda / mesa larga y estrecha para planchar la ropa (El Salvador) / botella de forma especial que se usa para recoger la orina del hombre que guarda cama (Uruguay) / mal olor corporal (Venezuela).

- **Zanahoria:** planta herbácea umbelífera y su raíz / hombre tonto, lelo y simplón (Uruguay).

Reglas para el uso de la "b" y la "v"

En contra de lo que a veces se piensa, el uso de la "b" y la "v" no es tan arbitrario como parece; existen reglas a aplicar, aunque, como nadie es perfecto, también existen algunas excepciones...

Puede que sea demasiado farragoso intentar aprendérnoslas (e inútil porque lo más probable es que se nos termine por olvidar), así que se plasman aquí para poder ser consultadas:

- **Se escriben con B las terminaciones del Pretérito Imperfecto del Modo indicativo del verbo Ir y los verbos terminados en ar.**

    Amar - amaba; Ir - iba; soñar - soñaba;
    pasear - paseaba.

- **Se escriben con B las terminaciones en bundo, bunda, bilidad.**

Excepciones: movilidad, civilidad

    Vagabundo, nauseabunda, amabilidad,
    afabilidad, habilidad.

- **Se escriben con B las palabras que inicien con abu, abo, ebu.**

Excepciones: avugo, avulsión, avutarda, avocar, avocastro, avocatero.

> Ebúrneo, ebullición, abuso, aburrido,
> abultado, abominable.

- **Se escriben con B las palabras que comienzan con bur, bus, buz.**

Burla, buzo, buscar, buzón, burócrata, busto.

- **Se escriben con B las palabras que lleven rr en su escritura.**

Excepciones: ferroviario, corrosivo, verruga, correctivo, verrojo.

Barrer, arrabal, borrador, becerro, berrear, burro.

- **Se escriben con B las palabras que empiecen con es.**

Excepciones: esvástica, esviaje, esvarón.

Esbozar, esbelto, esbarizar, esbirro, esbronce.

- **Se escribe B después de la letra m.**

Ombligo, ambulancia, embellecer, imborrable, imberbe, imbuir.

- **Se escriben con B los verbos que terminan en aber y sus conjugaciones.**

Excepciones: precaver.

Saber, haber, caber.

- **Se escriben con B todos los verbos terminados en bir, buir y sus conjugaciones.**

Excepciones: hervir, servir, vivir.

Escribir, escribo, escribía; contribuir, contribuyo, contribuye; recibir, recibimos.

- **Se escriben con B las palabras que comienzan con tur, tri.**

Excepciones: trivial, trivalente, triunvirato.

Tribu, tributo, tribuna, turbar, turbina, turbación, turbia.

- **Se escriben con B las palabras que inicien con al, ha, he.**

Excepciones: álveo, alveario, alverjilla, aluvión, havo, havar, hevicultor

Albaca, albacea, albañil, haber, hábil, habanera, hebreo.

- **Se escriben con B las palabras que comiencen con las sílabas la, ta, cu, se escribe B inmediatamente después de ellas.**

Excepciones: lavanda, lavativa, lava, lavar con sus derivados y compuestos.

Labios, laborar, tablero, Cuba, tabú, tabulación.

- **Se escriben con B las palabras que inicien con las sílabas ra, su, ti, se escribe B inmediatamente después de ellas.**

Excepciones: Ravenala, ravenés, ravioles.

> Rabia, rábano, rabanero, subasta,
> sublevar, Tiberio.

- **Se escriben con B las palabras que empiecen con biz, bis, bi (del latín dos).**

Excepciones: vizcaíno, vizconde, vizcaya, vizcacha.

> Bicolor, bidente, bisiesto, bizcocho, bisílabo,
> bizco, bisnieto o biznieto.

- **Se escriben con B las palabras que inicien con bien o se componen con bene (del latín bien).**

Excepciones: Viena, viene, viendo, vientre, viento.

> Bienhechor, bienaventura,
> benefactor, beneficencia, bienestar, bienhablado.

- **Se escriben con B las palabras que inicien con bea, bibl.**

Excepciones: veas, veamos, vea, etc.

> Beata, beatifico, bearnesa, biblioteca, biblia.

- **Se escriben con B las voces terminadas en ilaba, ilabo.**

> Monosílabo - ba, bisílabo - ba, trisílabo - ba.

- **Se escribe B al final de sílaba y final de palabra.**

> Obtener, obsequiar, obtención, Jacob, club.

- **Se escriben con B las conjugaciones de los verbos beber y deber.**

Beber, bebo, bebe, beben, bebemos,
bebí, bebían;

Deber, debo, debemos, debíamos, debí,
debimos, deben.

- **Se escriben con B los infinitivos y casi todos los tiempos de los siguientes verbos.**

Caber: cabía, caben, cabemos, cabe, etc.

Haber: habla, hubo, etc.

Saber: sabía, sabemos, etc.

- **Se escribe B delante de otra consonante.**

Tabla, poblado, hablar, cable, broma,
abrupto.

- **Se escriben con B las palabras que empiecen con bat.**

Excepciones: vate, Vaticano, vaticinio, vatio.

Batalla, batata, bate, batería,
batea, bata.

- **Se escriben con B las palabras que inicien con ca, car, ce.**

Excepciones: caviar, caverna, cavidad, carvajal, cavar.

Caballo, cabello, cebolla, cebú,
cabeza, carbonato.

- **Se escriben con B las palabras que inicien con tu + ver.**

Excepciones: El verbo tener en algunos de sus tiempos y modos: tuvo, tuvimos, tuvieron, etc.

Tubérculo, tubos, tubería, verbo,
verbena, verbal.

- **Se escribe V después de: b, d, n.**

b: subversión, subvertir, obviar.

d: advertir, adversario, adverbio, adverso.

n: convento, convidar, convocar, convivencia,

- **Se escriben con V las palabras terminadas en: ava, ave, avo.**

Excepciones: silaba y sus derivados; árabe, lavabo, cabo, rabo, jarabe.

Octavo, lava, esclavo, grave, clave,
suave, clavo, brava.

- **Se escriben con V las voces terminadas en eva, eve, evo, iva, Ivo.**

Excepciones: sebo, mancebo, recibo, iba, estribo.

Pasivo, motivo, viva, mueve, nueva,
activo, lleve, elevo.

- **Se escriben con V las palabras que empiezan con: vice, villa o villar.**

Excepciones: bíceps, bicerra. billar, bicéfalo, bicentenario, billarda.

Villadiego, villano, viceversa, villanesco,
villanía, vicecónsul, villanería.

- **Se escribe V en la conjugación de los verbos que no tienen b ni v en su infinitivo.**

Tener: tuve, tuvimos, etc.

Andar: anduve, anduvimos, etc.

Estar: estuvimos, estuvo, etc.

- **Se escriben con V las palabras que empiecen con las sílabas: pre, prí, pro, pol.**

Excepciones: prebenda, preboste, probable, probeta, probidad, problema.

Prevención, pólvora, polvareda, privación, provincia, provocar.

- **Se escriben con V las palabras que inician con div.**

Excepciones: dibujo y sus derivados.

Divulgar, divorcio, divisible, divertir, diván, dividir.

- **Se escriben con V las palabras que inician con ves.**

Excepciones: besar y sus derivados; bestia y sus derivados.

Vesícula, vestigio, vestuario, vestidura, vestido, vestir.

- **Se escriben con V las palabras que terminan en ivora, ivoro.**

Excepciones: víbora.

Herbívora, carnívoro, omnívoro.

- **Se escriben con V las palabras que inician con las sílabas cía, na, ad, sal.**

Excepciones: naba, nabar, nabí, nabiza, nabo, naborí, nabiforme, salbanda.

Clavar, clavel, clavo, navaja, navidad, advenedizo, adverbio, salvar, salvaje, salvia.

Reglas para el uso de la "h"

Siguiendo con el espíritu de este manual, vemos ahora unas sencillas reglas para el uso de la letra "h":

- **Se escriben con H todas las formas de los verbos con infinitivo que empieza por H.**

    Harás, habría, hilará.

- **Se escriben con H las palabras que empiezan por um + vocal.**

    Humano, humo, húmedo, humilde, humor.

- **Las que empiezan por um + consonante se escriben sin H.**

    Umbilical, umbral, umbría

- **Se escriben con H las palabras que empiezan por ue, ui, ia, ie y sus derivados y compuestos, salvo aquellos que empiezan por la letra O.**

    Hueco / oquedad, huérfano / orfandad, hueso / óseo, huir, hiato, hielo.

- **Se escriben con H las palabras con los prefijos hecto (cien), hepta (siete), hexa (seis), hetero (distinto), homo (igual), helio (sol).**

Hexadecimal, heliocéntrico, homogéneo,
heterodoxo, hectómetro, heptaedro, heliocéntrico.

- **Se escriben con H las palabras que empiezan por iper, ipo, idr, igr, emi, osp.**

    Hipérbole, hidrosoluble, hipo,
    higrómetro, hemiciclo, hospital.

- **Se escriben con H las palabras que empiezan con erm, orm, ist, olg.**

Excepciones: Olga, ermita y derivados.

    Hermafrodita, hormigón, histórico,
    holgazanear.

- **Las palabras compuestas o el uso de prefijos mantienen la letra H de la original.**

    Rehacer, deshecho, infrahumano,
    milhojas.

- **Una falsa regla es la que indica que la H intercalada separa siempre dos vocales cuando la palabra es simple (ni compuesta ni con prefijo). Varias palabras de origen árabe con H intercalada no cumplen esa regla:**

    Alhelí, alhaja, Alhambra, alhucema.

- **No hay una regla general para el uso de la H intercalada, aunque, si una palabra la lleva, la llevarán sus derivadas.**

    Alcohol / Alcoholizado, desahucio /
    desahuciar

Reglas para el uso de "y" y "ll"

- **Se escriben con Y las formas de los verbos cuyo infinitivo no contiene la LL.**

  Oír / oyeron, haber / hayamos,
  distribuir / distribuyen, ir / vayan /yendo

- **Se escribe Y después de consonante:**

Excepciones: Palabras compuestas o con prefijos cuya raíz lleva LL. Conllevar, inllevado

  Disyuntiva, adyacente, adyuvante,
  subyugar, disyuntiva

- **Se escriben con Y los sonidos:**

  YEC: Eyección, proyecto, inyección

  YER: yerno, ayer

- **Se escriben con Y las palabras que empiezan con yu.**

Excepciones: lluvia y sus derivados (llovizna, lloviznar, llover...)

  Yunque, yunta, yuca

- **Se escriben con LL las palabras terminadas en ILLA, ILLO, ALLE, ELLE, ELLO, ELLA y sus plurales.**

Excepciones: Plebeyo, Pompeya y leguleyo

Varilla, cerilla, cepillo, palillos, calle,
muelle, aquello, aquella

Reglas para el uso de "g" y "j"

Naturalmente, no se aportarán reglas para el uso de "g" o "j" cuando preceden a las vocales "a", "o" o "u", pues el sonido es distinto y no debería haber confusión a la hora de escribirlo.

Únicamente, recordar la necesidad de la "u" con diéresis ("ü") cuando esta no se escribe para formar el sonido "gue" o "gui", sino "gu" + "e" o "i". Por ello, no es lo mismo "pingüino" que "pinguino".

Las reglas, por lo tanto, afectarán a la posible confusión de los sonidos "je" / "ge" y "ji" / "gi".

- **Se escriben con G los las palabras que incluyen "geo" (tierra), "legis" (ley) y "logos" (estudio, disciplina).**

    Apogeo, geodésica, legislativo,
    biólogo, logopeda

- **Se escribe con G cuando va seguida de "m" o "n".**

    Digno, agnóstico, enigmático, pigmento

- **Se escriben con G las palabras que terminan en "gion" o "algia" y sus derivados.**

Excepcion: Ejión

Religión, nostalgia, lumbalgia

- **Se escriben con G las terminaciones verbales "ger", "gir", "giar" o "gerar" y sus derivados.**

Excepciones: Tejer, crujir, elejiar, rujiar y sus derivados, privilegiar

Aligerar, elegir, emerger, desprestigiar

- **Se escriben con G las palabras que contienen "gn".**

Gnomo, gnóstico

- **Se escriben con G las palabras que comienzan por "gest".**

Gesticular, gestación, gestionar

- **Se escriben con G las palabras que contienen "gen".**

- **En general, se mantendrá la G o la J en los tiempos verbales cuando el infinitivo la tenga.**

Escoger → Escoge, escogía, escogido

Tejer → Tejemos, tejía, tejiéramos

- **Se escriben con J los tiempos verbales cuando el infinitivo no tenga ni G ni J.**

Decir → Dijimos, dijeron

Conducir → Condujésemos

- **Se escriben con J los infinitivos (y tiempos verbales) que terminan en "jear" o "jar".**

    Barajar, callejear

- **Se escriben con J los adjetivos y sustantivos que terminan en "jero", "jería" o "jera".**

Excepciones: Ligero y ligera

    Agujero, viajera, tinajería, viajero

- **Se escriben con J las palabras que terminan en "aje".**

Excepciones: collage, enálage, hipálage

    Viaje, embalaje, traje.

- **Se escriben con J las palabras que comienzan por "eje", "adj" u "obj".**

Excepciones: Ejeno, Ejeria, egestad, egetano, egestión,

    Ejemplo, ejercicio, adjetivo, objeto

Algunos latinismos de uso más frecuente

En ocasiones, no sabemos exactamente qué significan o los usamos incorrectamente.

Hay que señalar que el abuso de expresiones o palabras latinas literales pueden resultar demasiado pretencioso y dar una imagen opuesta a la que deseamos.

Algunas se han aceptado tal cual vienen del latín y otras se han adaptado al español, aunque se siguen usando en su formato original. Muchas no las mencionaremos, pues son palabras perfectamente integradas y de uso cotidiano, como "agenda", "extramuros" o "ultimátum", y no merece la pena detenerse en ellas, pues hablamos de un idioma que procede del latín.

En todo caso, si vamos a usarlos, mejor hacerlo correctamente y conocer si existe la palabra en español.

Como norma general, se suelen poner en cursiva cuando se trata de la expresión latina y no existe o no está aceptada exactamente igual en español. Siguiendo esta regla, en la lista que aparece a continuación, los que no se presenten en cursiva será porque se escriben así y, si están en cursiva, y entre paréntesis otra forma de escribirlos, esta última será su equivalencia aceptada en nuestro idioma.

El significado que aparece es el actual, no el original ni el literal de la expresión.

Los latinismos más usados son:

A fortiori: con más motivo (en México, por la fuerza). "Si se alegró de verme, a fortiori cuando le di el regalo".

A latere (a látere, adlátere): persona, normalmente subordinada, que no se separa de su lado. En ocasiones, se usa con ironía. "Ahí llega el jefe con su adlátere".

A posteriori: con posterioridad, algo que se deja para después de lo que nos ocupa. Reflexión, conclusión que se logra cuando ya todo ha pasado y se tienen los argumentos o pruebas necesarios. "Es muy fácil explicar a posteriori lo que ocurrió en la Segunda Guerra Mundial".

A priori: antes de algo, especulación, previo a lo que dará explicación al hecho o incluso al propio hecho. "A priori, no te veo preparado para este trabajo".

Accessit (accésit): premio o recompensa inmediatamente inferior al principal. "El concurso consistía en un primer premio y dos accésit".

Ad hoc: especial para un fin, hecho a medida o a propósito para algo. "Tu libro no llevará la portada estándar; se merece una portada ad hoc".

Alter ego (álter ego): persona que puede sustituirnos completamente o en quien tenemos para ese fin confianza absoluta. Doble de uno mismo. Personaje de ficción cuando está basado en alguien sin que se trate de una biografía de ese alguien. "El personaje de Juan es el álter ego del autor".

Ante meridiem (ante merídiem): literalmente, antes del mediodía. "Nunca permite que se le moleste ante merídiem".

Corpore insepulto (córpore insepulto): celebración o rito religioso, previo al enterramiento o cremación, con el cadáver expuesto y adecuadamente preparado. "A las 12 se celebrará la misa córpore insepulto ".

Curriculum (currículo): no hay que confundir con la siguiente palabra. Currículo es un plan de estudios, conjunto de estudios necesarios para desarrollar una disciplina. "Un profesor especial diseñó un completo y personalizado currículo para él".

Curriculum vitae (currículum vítae): relación de títulos, cursos, méritos o experiencia que califican a una persona, normalmente relativos a la vida laboral. "No le aceptaron en el trabajo porque descubrieron que había mentido al redactar su currículum vítae".

De facto: de hecho. Que sucede sin atenerse a una norma o ley establecida. "Aunque no ha tomado posesión, por las decisiones que toma, ya es presidente de facto".

De iure: al contrario que "de facto", significa apoyado en una ley, en situación legal. "Aunque hagamos lo que dice Juan, nuestro superior de iure es Felipe".

Ex aequo: cuando un premio es compartido por dos o más participantes en igualdad de condiciones y honores. "El jurado decidió otorgar el primer premio ex aequo a las dos obras más votadas".

Ex abrupto / exabrupto: este es un caso especial, pues no significa lo mismo separado que junto. "Ex abrupto" significa de improviso, mientras que un exabrupto es una salida de tono o gesto inconveniente o fuera de lugar. "Se presentó en casa ex abrupto". "Le dije que no estaba dispuesto a tolerar sus exabruptos".

Ex cathedra (ex cáthedra o ex cátedra): en tono magistral o académico, que no admite duda. "Pronunció su discurso serio, ex cátedra". No hay que confundir con la expresión, locución verbal, "sentar cátedra" (por ejemplo "cuando se documenta habla sentando cátedra").

Ex libris: etiqueta, marca, o escritura en el reverso de los libros para identificar a qué persona, institución o biblioteca pertenece. "Era raro que en esa biblioteca dejasen más de un volumen sin su correspondiente ex libris".

Ex professo (ex profeso): en especial para algo, con intención, con un propósito. "No fue casualidad, me llamó ex profeso para ver si estaba en casa".

Ex voto (exvoto): ofrenda relacionada con el milagro o beneficio logrado que se cuelga, a modo de agradecimiento, de un muro, normalmente destinado a tal fin. "La pared estaba llena de exvotos: piernas de cera, pequeñas figuras de bebés, muletas que ya no eran necesarias y hasta mechones de cabello".

Fac totum (factótum): persona de plena confianza en la que se delegan todos los trabajos. También aquel que se encarga de todas las labores de una casa o dependencia. "Me dijo muy serio que estaba harto de ser el factótum en casa".

Honoris causa: ya solo referido a un doctor o doctorado, es el reconocimiento a algún mérito especial. "Fue nombrado doctor honoris causa por la universidad en la que había estudiado".

In extremis: en el último instante de una situación difícil o apurada. "Logró evitar la colisión in extremis". Así mismo, puede significar final de la vida: "Me llamaron porque el abuelo estaba in extremis".

In pectore (in péctore): una decisión que no ha sido comunicada aún. "Nadie lo supo hasta pasada una semana porque fue un nombramiento in péctore".

In situ: en el mismo lugar. "Se dirigió a la escena del crimen para investigar in situ".

In vitro: elaborado o reproducido en el laboratorio. "Se había logrado reproducir la mutación del virus in vitro".

Ipse dixit: en principio, no está aceptado en español. Se usa como sentencia, tras una frase, que viene a significar que habla una autoridad. También, con el mismo significado, un nombre seguido de "dixit".

"La situación mejorará; el Presidente dixit (o ipse dixit)".

Ipso facto: instantáneamente, muy rápido. "Si tienes problemas, llámame y llegaré ipso facto".

Motu proprio: por voluntad propia, sin coacción de ningún tipo. "Yo no le dije nada; ha venido motu proprio".

Passim (pássim): aunque muy en desuso, significa que ocurre constantemente, a cada paso, o algo que está indistintamente aquí o allá. "No hacían más que hablarme de él, como si hubiera estado pássim por toda la comarca".

Per se: por sí mismo o por sí solo. "Me dijo que el ser humano no es necesariamente bueno o malo per se".

Post meridiem (post merídiem): después del mediodía. "El desayuno nunca se sería post merídiem".

Quid pro quo: cambio justo. Dar algo equivalente a lo que se recibe. "Un matrimonio debe mantener un quid pro quo".

Rara avis: persona, cosa o situación extraordinaria, que no cumple las normas o cánones que la mayoría. "Ese perro tan difícil de adiestrar es un rara avis".

Sine die (sine díe): sin una fecha establecida, indefinido. "Las garantías constitucionales se cancelaron sine díe".

Sine qua non (condición sine qua non). Una condición indispensable para un fin o un efecto. "Para aceptar el trabajo, considero la plaza de garaje una condición sine qua non".

Statu quo: situación de algo en un momento determinado. También, privilegios que se disfrutan en la actualidad o en una época a la que nos estamos refiriendo. "Hizo todo lo posible por que pudiésemos mantener el mismo statu quo que antes de la fusión de las dos empresas".

Sub iudice (sub iúdice): en derecho, pendiente de resolución o sentencia. Sujeto a discusión u opinión. "No sabíamos cuál sería la pena porque el caso estaba sub iúdice".

Sursum corda (sursuncorda): la expresión latina significaba originariamente una reacción unánime y repentina ("arriba corazones", relacionado con la liturgia católica). Sin embargo, con el tiempo ha derivado en "sursuncorda", un personaje ficticio al que se atribuye autoridad y cierta sapiencia, y de ahí surgen expresiones como "No cambiaré de opinión ni aunque me lo pida el sursuncorda" o "Allí no se enteraba ni el sursuncorda".

Vade retro: expresión que se utiliza para rechazar o poner en fuga a algo o alguien. Famosa es la exclamación "¡Vade retro, Satanás!"

Verbi gratia: por ejemplo. "Hay faltas imperdonables, verbi gratia, no usar nunca la tilde".

Versus: aunque se trata de un anglicismo, procede directamente del latín. Significa enfrentamiento (referido a batalla, lucha, deporte, etc.) a alguien o algo.

"Siempre ha existido la pugna de Occidente versus Oriente; el Norte contra el Sur".

Vox populi (vox pópuli): conocido por todos. "Aunque la noticia no se hizo oficial hasta la noche, era vox pópuli desde mediodía".

Como suele decirse, no están todos los que son, pero son todos los que están.

Queremos escribir un relato o una novela

No es el fin de este manual, pero, dado que hay muchos amigos que preguntan y muestran su inquietud por escribir, pueden resultarles útiles algunos consejos, más de lector que de escritor.

DE LA IDEA AL TECLADO

No hay un método único de escribir. De los comentarios que he recabado de escritores más o menos profesionales se desprende que hay quien necesita un esquema detallado de la obra completa antes de empezar y quien va escribiendo sobre una idea; hay quien repasa y reescribe su obra varias veces y quien solo retoca y corrige aquello que va escribiendo; algunos, incluso, ni saben hasta que terminan cuál es el desenlace final o cómo va a sacar a sus protagonistas del atolladero en el que él mismo los ha metido.

Solo hay una forma de encontrar nuestro método: comprobar nosotros mismos cómo nos sentimos más cómodos y cómo logramos un resultado satisfactorio.

Finalmente, si disponemos de un sufrido lector capaz de leer nuestros originales y darnos su opinión sincera, abusemos de su confianza y tengamos en cuenta su opinión y aportaciones.

RELATO O NOVELA

Aunque pueda parecer que se trata del mismo estilo y que el relato no es más que "una novela corta", hay factores que tenemos que tener en cuenta.

Un relato de entre 20.000 y 40.000 palabras, por ejemplo, sí es una novela corta, y puede tener una estructura similar, ya que tenemos suficiente extensión como para situar con tranquilidad la historia, presentar a los personajes, desarrollarla y finalizarla con cierta calma.

Por debajo de esa extensión, tenemos que tener en cuenta que nuestro lenguaje debe ser más directo y no podemos dedicar más de lo debido a poner en situación al lector, sacrificando el argumento o dando lugar a finales demasiado apresurados.

El relato tiene la ventaja de permitir contar una historia o un episodio relativamente corto, sin necesidad de profundizar demasiado, permitiéndonos "ir al grano" y compartir aquello que deseamos sin extendernos más de lo necesario. Por el contrario, tendremos que ceñirnos a la lógica limitación a la hora de describir situaciones o personajes, pues el lector va a esperar un ritmo ágil y constante.

El extremo sería lo que se suele denominar micro-relato o micro-cuento, en el que uno debe condensar presentación, nudo y desenlace en menos de mil caracteres, incluyendo en muchas ocasiones incluso diálogos.

A modo de ejemplo, ahí van dos de los micro-relatos que publiqué hace tiempo:

A ver si me pillas

Edgar había nacido con un extraño don: era capaz de ver a la Muerte. Siendo así, no le costaba esquivarla cada vez que la sentía aproximarse para llevarse con ella a alguien cercano o al propio Edgar.

El día que a punto estuvo de atraparle con su huesuda garra, él se volvió y gritó entre carcajadas mientras huía:

–¡A ver si me pillas!

Transcurrieron mil años de intensa vida, hasta que, cansado y hastiado de todo, decidió que había llegado el momento. Buscó a la Muerte y anunció:

–Puedes llevarme ya contigo.

Ella, en lugar de hacer lo que le pedía, sonrió y, antes de desaparecer de su vista, se limitó a decir:

–¡A ver si me pillas!

Desde entonces, Edgar deambula por el mundo, condenado al terrible tormento de vivir eternamente.

Ingrediente secreto

La sopa que servía Dani Da Vito en su restaurante no tenía un sabor especial, sino una extraña virtud muy apreciada: quien la tomaba recordaba su infancia.

En la primera cucharada, uno volvía a escuchar a su anciana abuela contándole cuentos antes de dormir; a la siguiente, se veía feliz junto a sus padres paseando por el campo... Y así, hasta terminar el cuenco; emocionado, con los ojos llenos de lágrimas y una dulce e inigualable sensación de felicidad.

Le ofrecieron cuantiosas sumas de dinero por la receta, le suplicaron, le amenazaron, le extorsionaron... Llegaron a secuestrar y torturar al pobre Dani, que, incapaz de soportarlo, confesó, unos segundos antes de morir:

—El ingrediente secreto no era más que el rumor que difundí hace tiempo de que mi sopa era capaz de hacer recordar la infancia...

PERSONAJES

Hay que tener en cuenta que tendrán que tener su propia personalidad y hasta su forma de expresarse: irónico, lacónico, muy hablador, serio, cómico, romántico, prosaico... Habrá que decidir qué personalidad tiene, y esta, salvo que cambie durante el desarrollo de la obra, fruto de lo que ocurre en ella, tiene que permanecer inalterable, tanto en sus actos como en su manera de expresarse.

Un personaje puede, por ejemplo, ir adquiriendo valentía según transcurren sus aventuras, pero siempre de forma gradual y creíble para el lector.

Incluso si se trata de una novela narrada en tercera persona, el narrador, que no deja de ser directa o indirectamente un personaje más, tendrá que tener su propio carácter y no sufrir cambios que no sean consecuencia del devenir de la historia que está contando.

Dejémoslos ir mostrando cómo son a través de su forma de hablar y opinar. Son ellos los idóneos para presentarse a sí mismos.

ACCIÓN, GÉNEROS, ESTILO

Independientemente del género elegido, hemos de tener en cuenta que nuestra obra no va a diferenciarse mucho de una buena melodía. Será lenta, alegre, marcial o lo que nosotros queramos, pero manteniendo una coherencia y teniendo en cuenta que, como en el caso de una pieza musical, podrá tener momentos más impactantes, pero sabiendo crear unas transiciones que permitan al lector aumentar su interés con el ritmo o, por el contrario, relajarse después de un fragmento más intenso que los demás.

En una escena trepidante, puede no tener sentido incluir una descripción demasiado detallada o un extenso diálogo que hagan desviar la atención y perder la complicidad de nuestro lector, salvo que se haga premeditadamente por una razón concreta, por supuesto.

Una cosa está clara: no solo se trata de contar algo interesante, sino de contarlo de una forma también interesante.

En principio, habría que mantener la estructura básica de "presentación, nudo y desenlace", al menos hasta que nos sintamos cómodos y nuestra experiencia nos permita ser menos "clásicos" y más heterodoxos sin caer en la extravagancia o resultar demasiado pretenciosos.

Tiempo habrá, si somos buenos escritores (no es mi caso), de atrevernos con retos como La Colmena, de Camilo José Cela, obra que carece de presentación y desenlace; o Cien Años de Soledad, de Gabriel García Márquez, en la que hay decenas de historias paralelas que se entrecruzan y comparten presentaciones y desenlaces, siendo algunos desenlaces la presentación de la siguiente historia, como si de un tejido tupido se tratase.

Los dos autores han sido galardonados con el Premio Nobel de Literatura, no queramos poner el listón tan alto, al menos al principio.

CÓMO AFRONTAR LOS DIÁLOGOS

Hay que tener en cuenta que, en general, como ocurre, por ejemplo, en el cine, los diálogos no son una transcripción exacta de conversaciones, sino que se adaptan para ser comprendidos y leídos con soltura.

Por ejemplo, salvo casos extremos, o porque se quiera hacer hincapié en una particularidad del personaje, no utilizan los participios sin la terminación con la letra "d" ("ha encontrao", "he llegao", etc.). Del mismo modo, para evitar el cansancio del lector, se pueden incluir comentarios del narrador que indiquen una particularidad a la hora de pronunciar:

> **– Debería fumar menos –dijo él con su inconfundible acento, arrastrando, como siempre, las erres al hablar.**

> – Nunca fui a la escuela –se expresaba pésimamente, de una forma a la que Jorge no estaba habituado–. Nadie me enseñó nunca a escribir ni a hablar bien.

Dicho esto (que no es más que un mero consejo), concluir otra vez que no hay una norma fija, ya que es parte del estilo del escritor, pero que, de nuevo, hay que pensar que el fin de aquello que estamos escribiendo es deleitar al lector y hacerle cómoda y creíble la lectura, logrando, además, que entienda aquello que queremos transmitirle.

Dejemos a nuestros personajes explicarse a través de lo que dicen; adquirir su propia personalidad; llevar buena parte del peso de la narración mediante lo que expresan. Procuremos escribir diálogos fluidos y que éstos sean el vehículo que nos haga adentrarnos en la historia que queremos contar.

ABREVIATURAS EN LOS DIÁLOGOS

¡Huye de ellas como de la peste!

Son cómodas, estamos acostumbrados a "traducirlas" mentalmente, nos evitan teclear de más, pero... Ten en cuenta que estamos construyendo las frases que dice nuestro personaje tal y como las diría una persona normal.

Veamos un ejemplo en el que escribimos:

✗ –Según el sr. Peláez, alcanzó la velocidad de 30 km/h en 20 seg.

Lamentablemente, nuestro personaje acaba de decir:

–Según el ese erre Peláez, alcanzó la velocidad de 30 ka eme barra hache en 20 seg.

Puede que sea demasiado puntilloso, pero el buen estilo es el buen estilo. Sería mejor poner:

–Según el señor Peláez, alcanzó la velocidad de treinta kilómetros por hora en veinte segundos.

Es como lo diría cualquiera, ¿no? Por cierto; habréis observado que, personalmente, en los diálogos también prefiero evitar las cifras en número. No lo olvidéis: estamos transcribiendo lo que dice una persona.

Una última cosa: desde mi punto de vista, las abreviaturas tampoco tienen cabida en el resto de la narrativa, sea o no diálogo, pero, en fin, es una opinión personal.

LOS CAPÍTULOS: ¿PARA QUÉ SIRVEN?

Los hay para todos los gustos: largos, cortos, con título o sin él, que se usan para cambio de escenario o personajes, para terminar cada uno con una sorpresa que se desvela en el siguiente… Son un arma que, en buenas manos, sirven para estructurar la historia y mantener el interés del lector.

Estructura tu obra como te apetezca, pero, eso sí, no seas de aquellos que desvelan en el título del capítulo lo que va a suceder a continuación.

LO QUE NO DEBEMOS HACER

Documéntate, por favor, que hoy en día es muy fácil con el uso de Internet. El consejo es válido incluso para ciencia ficción o fantasía. En ambos estilos puedes tener que hacer referencia a leyes físicas, objetos estelares, logros científicos, seres de leyenda o de otros universos…

La imaginación no consiste en cambiar la realidad (salvo que ese sea precisamente el argumento), sino en combinar elementos reales con especulación pseudocientífica o fantasía, respetando (o al menos esa la opinión general) el comportamiento y características de mitos, tales como vampiros, hombres lobo, etc. Valora si te crees capaz de lograr que los lectores de esos géneros acepten cambios sustanciales en seres con siglos de leyenda a sus espaldas.

Sé coherente; ten cuidado con las contradicciones y las inexactitudes; repasa cifras, fechas, edades… todo lo que pueda desmerecer tu obra o hacerte parecer descuidado o poco creíble. Si creas un universo propio, en ciencia ficción o fantasía, debes tener en cuenta que tendrá sus reglas y limitaciones, y tienes que cumplirlas para hacerlo verosímil.

Procura no enredarte en exceso y poner a tus personajes en situaciones tan complicadas que debas recurrir a soluciones "milagro" o poco creíbles. Créeme: un buen lector suele aceptar muy negativamente una solución torpe o demasiado rebuscada después de haberle creado unas expectativas altas. Huye de los personajes sorpresa o explicaciones inverosímiles. La solución al problema es lo que va a dejar huella y, si es ingeniosa, agradará a tus lectores.

¿Qué más decir? Sé sencillo. Ya habrá tiempo para adornos y lenguaje rimbombante; espera a consolidarte antes de experimentos que puedan hacerte parecer pretencioso. Si un recurso queda bien, no abuses de él.

Otro caso habitual: los adverbios terminados en el sufijo "mente" pueden llegar a reproducirse hasta la extenuación, en un intento de ser más contundentes o parecer más cultivados. Son recursos como las especias en la restauración, que deben dosificarse para mejorar el sabor, no para esconderlo o empalagar.

Vigila la repetición excesiva de las mismas expresiones una y otra vez, por muy bien que suenen.

Por último, lo más importante: ¡DISFRUTA ESCRIBIENDO!

Otros medios, otras formas de escribir

POESÍA

Son muchos los que se animan a escribir poesía, a plasmar sus sentimientos o estado de ánimo mediante un estilo que facilita hacerlo.

No vamos a entrar ni en el contenido ni en reglas o estilos propios del género, pero sí en un par de consejos.

En primer lugar, y esto se refiere a los procesadores de texto, muchos de ellos, cada vez que pulsamos nueva línea, asumen que deben comenzar en mayúscula, haciéndolo de forma automática y dejando nuestro poema como este:

> Cambié mi eternidad
> **P**or un instante junto a ti,
> **Y** en ese mágico instante,
> **H**allé la felicidad eterna.

A pesar de que no hay ningún punto, el corrector ha hecho que cada línea comenzase por mayúscula. Para que el poema esté bien escrito, tendremos que deshabilitar esa opción, de forma que quede:

> Cambié mi eternidad
> por un instante junto a ti,
> y en ese mágico instante,
> hallé la felicidad eterna.

En cuanto a los signos de puntuación, mantendremos todos, teniendo en cuenta que la poesía ha de poder leerse correctamente, por mucho que el uso de versos y estrofas sirvan para acentuar más las pausas y adaptar la entonación.

El siguiente poema de Miguel de Unamuno precisa, para ser leído con toda su intensidad, de los signos de puntuación que le corresponden:

> ¡Dime qué dices, mar, qué dices, dime!
> Pero no me lo digas; tus cantares
> son, con el coro de tus varios mares,
> una voz sola que cantando gime.
>
> Ese mero gemido nos redime
> de la letra fatal, y sus pesares,
> bajo el oleaje de nuestros azares,
> el secreto secreto nos oprime.
>
> La sinrazón de nuestra suerte abona,
> calla la culpa y danos el castigo;
> la vida al que nació no le perdona;
>
> de esta enorme injusticia sé testigo,
> que así mi canto con tu canto entona,
> y no me digas lo que no te digo.

CARTAS Y CORREOS ELECTRÓNICOS

Dejando a un lado los correos electrónicos de carácter más desenfadado, el resto no deja de ser una carta que va a ser enviada por un medio distinto al postal; en este caso, un medio electrónico.

Convendrá por ello empezar con un encabezado del tipo "Estimado Juan", "Hola, Juan", etc. Hay que tener en cuenta que el formato será el encabezado terminado en punto y aparte o dos puntos, no una coma, como vemos en muchos casos. Es decir, no es correcto el uso de la coma en el encabezado ni en el pie del siguiente correo electrónico:

✗ **Hola Juan,**

Te adjunto el documento que me pediste.

✗ **Un saludo, Pedro.** (Esta forma de poner el pie con la firma hace que parezca que Pedro es al que saludamos, no el que está escribiendo).

Ni tampoco un pie del tipo:

✗ **Un saludo,**

Pedro

Lo correcto sería:

Hola, Juan.

Te adjunto el documento que me pediste.

Un saludo.

Pedro.

Notar que, entre el saludo y el nombre, va una coma, pues se trata de un vocativo:

Buenos días, Juan.

Hola, Juan.

No así en el caso de "Estimado Juan", "Querido Juan", etc.

Por lo demás, es aconsejable no utilizar párrafos demasiado extensos y separar estos con una línea en blanco, de forma que puedan leernos fácilmente, pues hay personas que nos leerán por encima y pueden cansarse si el texto es demasiado denso.

Añadir que no solo hay que evitar equívocos y dobles intenciones en correos más formales, sino también en aquellos en lo que queremos transmitir es importante para nosotros.

DOCUMENTOS

Aunque los hay de muchos tipos, y algunos tienen su propio formato y hasta expresiones "tipo" o especiales, hay que procurar siempre mantener un uso lo más correcto posible del lenguaje.

Además de que habrá que expresarse correctamente para que no quepa duda de lo que queremos expresar, un documento será, en muchas ocasiones, nuestra carta de presentación, y hablará por sí mismo en nuestro nombre; creo que con esto no hace falta añadir más, ¿no?

FOROS, LISTAS DE CORREO, ETC.

Dentro de lo distendido de la temática del foro o red social (nos referimos a redes sociales sin limitación de caracteres), sobre todo si escribimos desde un teclado mínimamente cómodo, no tiene sentido no escribir correctamente, de forma que podamos ser entendidos por cualquiera y facilitemos la lectura de nuestras aportaciones. ¿Qué ventaja puede tener no escribir bien?

Para estos medios es aplicable el último consejo del punto de correos electrónicos: para facilitar la lectura, separar en párrafos más bien cortos y dejar una línea en blanco entre ellos.

MEDIOS CON LIMITACIÓN DE CARACTERES O ESCRITURA DESDE DISPOSITIVOS MÓVILES

Basta con garantizar que vamos a ser entendidos. No tiene sentido ser puristas ni estrictos; no pasará nada por no abrir el signo de exclamación o interrogación, no poner todas las comas u obviar las tildes.

Son medios rápidos, que precisan economía de tiempo y espacio. Solo tenemos que procurar que nuestro mensaje sea inteligible y que esa forma de escribir no se traslade a otro tipo de medios en los que no cuesta tanto mantener una escritura correcta.

También es importante el receptor y si este va a leer fácilmente aquello que le queremos hacer llegar. No olvidemos que el lenguaje escrito es un medio de comunicación y, por lo tanto, debe ser comprendido con el menor esfuerzo posible.

Glosario de términos más comunes relativos a la ortografía

Comentamos y definimos ahora, con ejemplos, aquellos términos que puede uno encontrarse en textos de consulta. Se trata de una ayuda rápida y ordenada alfabéticamente para quienes quieran despejar sus dudas y se encuentren con palabras técnicas de las que no conozcan su significado o duden sobre este.

Se incluirán, en caso de tener más de un significado, aquellos que se refieran al tema de este manual.

No es una relación completa ni exhaustiva, pues se trata de un glosario de consulta con ejemplos de los términos más usados o que tienen más probabilidades de encontrarse en textos que se refieran al uso del español, principalmente, acentuación y escritura correcta de las palabras.

Se incluye de nuevo el símbolo "✗", pero, en este caso, no para indicar expresiones erróneas, sino para diferenciar aquellas palabras que no cumplen lo expresado en la definición.

Acento

- **Prosódico, tónico o fonético:** mayor intensidad con que se pronuncia una sílaba dentro de una palabra. Se puede asociar directamente a una vocal, así, en la palabra "sensible", se puede hablar de acento prosódico en la sílaba "si" o en la letra "i".

- **Gráfico u ortográfico:** signo "´" que se pone sobre la vocal para representar en la escritura el acento prosódico cuando cumple determinadas reglas que ya se han visto en este manual. Se llama también **tilde**.

Acepción

Se denomina así a cada significado o uso de una palabra.

Ejemplo:

Mi gato se escapó → se diría que se ha usado la palabra "gato" en su acepción de "animal felino..."

Acrónimo

Ver el apartado correspondiente en el capítulo de "un poco de todo".

Adjetivo

Son aquellas palabras cuya función es la de modificar al sustantivo, concordando con este en género y número: "coche **grande**", "**buenas** comidas, "**aquel** edificio".

No necesariamente tienen que ir junto al sustantivo, pudiendo actuar a través del verbo: "el coche es **grande**", "las comidas son **buenas**".

Se dividen en dos grandes grupos:

- **Adjetivos calificativos** son los que expresan cualidades, propiedades, estados o características ("frío", "grueso", "eléctrico", "rápido"…).

- Los que expresan relación, pertenencia, etc. se denominan, más específicamente, **adjetivos relacionales**: "paterno", "acuático".

- Los que expresan nacionalidad u origen se llaman **adjetivos gentilicios**: "español", "vallisoletano".

Adverbio

Palabra que complementa (añadiendo concreción al significado) a las siguientes:

- Verbo: **conducía prudentemente**

- Adjetivo: **más frecuente**

- Otro adverbio **bastante cerca**

- Grupos nominales: **únicamente los socios**

- Grupos preposicionales: **incluso sin tu ayuda**

- Toda la oración: **simplemente, no pudo con la presión del público**

Señalar que la función de los adverbios la realizan los propios adverbios ("no", "sí", "más"), los que se forman con el sufijo "mente" ("únicamente", "frecuentemente") y las llamadas locuciones adverbiales ("por supuesto", "sin duda").

Existen varios tipos de adverbios, según el tipo de calificación que aporten. Los principales son:

- Adverbio comparativo: **más, menos, tal**...

- Adverbio de afirmación: **sí, claro** (en el contexto de "claro, tienes razón"), **también**...

- Adverbio de cantidad: **muy, poco, bastante, demasiado, apenas, aproximadamente**...

- Adverbio de duda: **acaso, quizá, probablemente, igual** (en el contexto de "igual no viene")...

- Adverbio de lugar: **aquí, acá, delante, detrás, arriba, abajo, cerca**...

- Adverbio de modo: **mal, bien, regular, deprisa, despacio**...

- Adverbio de negación: **no, nunca, nada, jamás**...

- Adverbio de orden: **antes, después, primero, último**...

- Adverbio de tiempo: **ahora, después, últimamente, aún, ya**...

- Adverbio dubitativo o de duda: **quizá, tal vez, lo mismo, acaso**...

Hay quienes los dividen incluso en más tipos, pero no son más que combinaciones o subgrupos de los principales.

Notar que un mismo adverbio, según el contexto, puede pertenecer a más de un tipo. Por ejemplo, "jamás" es de tiempo y de negación.

Aguda

Palabra que lleva el acento prosódico (ver "acento") en la última sílaba, como por ejemplo: "camión", "ardor".

Analogía

Creación de nuevas formas lingüísticas, o modificación de las existentes, a partir de otras, por semejanza de elementos o significado.

Lo más habitual es que surja como una necesidad de nombrar algo que tiene que ver con cosas nuevas, para las que no existe un vocablo previo.

Por analogía con biblioteca surgen palabras como: "discoteca", "filmoteca" o "videoteca".

Una analogía no tiene por qué resultar un paso adelante ni su resultado un vocablo correcto. Ejemplo de ello es (ya se ha comentado anteriormente) transformar "prever" en "preveer" por analogía con "proveer", o conjugar verbos irregulares como regulares por analogía con estos últimos, por ejemplo, decir "yo andé" en lugar de "yo anduve".

Anfibología

Se dice que existe anfibología cuando una frase está construida de forma que da lugar a más de una interpretación.

El empleo de tildes diacríticas ("tu / tú", "cuál / cual") tiene como función, precisamente, evitar anfibología.

Aunque pueden producir anfibología, esta no necesariamente existe por el uso de palabras con más de un significado (polisémicas), pues pueden no prestarse a doble intención dentro de una frase. Del mismo modo, una frase puede tener más de una interpretación sin que se usen palabras polisémicas.

Ejemplo:

- Por el uso de palabras polisémicas:

Aparqué al lado del banco × Puede ser al lado de un banco de sentarse o un banco como institución financiera.

Nunca recuerdo dónde está mi planta × vegetal o piso en una edificación.

- Por la construcción de la frase:

Se puso mala la perra de mi hermana × puede referirse a la mascota de su hermana o estar insultándola.

Nos contó otra vez la historia del robo de Pedro × no queda claro si Pedro es el ladrón o la víctima.

Anglicismo

Palabra, expresión o rasgo idiomático propios de la lengua inglesa.

Escribir los meses comenzando en mayúscula, por ejemplo, es un anglicismo, como también lo sería no usar el signo de apertura en interrogación o exclamación.

De la misma forma, galicismo se refiere a la lengua francesa, arabismo a la árabe, etc.

Antónimo

Palabra de significado contrario u opuesto al de otra.

"Caro" es el antónimo de "barato", "bonito" de "feo", "aumentar" de "disminuir", etc.

Aunque sea obvio, señalar que el antónimo de una palabra tiene como antónimo dicha palabra.

Antonomasia

Se llama antonomasia al uso de un nombre común como nombre propio o al contrario:

Jesús es llamado <u>El Salvador</u>.

Pepe es un <u>donjuán</u> y María una <u>celestina</u>.

A partir de esta palabra, surge la expresión "por antonomasia" que se refiere a que algo es lo mejor, más importante o más conocido:

El fútbol es, en España, el deporte por antonomasia.

Apócope

En lo relativo a la lengua escrita (aunque suele surgir en la hablada), se refiere a la supresión de parte del final de una palabra: "san" por "santo", "gran" por "grande" o "primer" por "primero".

Arcaísmo

Se dice arcaísmo cuando una palabra, una forma o ambos han caído en desuso con el paso del tiempo: "caco" (ladrón), "rúe" (calle) o "haber" (por tener).

Artículo

Son las palabras que preceden al sustantivo, indicando su número, género y, por decirlo de alguna manera, si es conocido o no en el contexto de lo escrito o narrado.

Se dividen en dos tipos de artículo:

- **Definido** (o **determinado**): cualifica el sustantivo como conocido o concreto. Son "el", "la", "lo", "los", "las".

- **Indefinido** (o **indeterminado**). El sustantivo es genérico o desconocido. Sus formas son "un", "una", "unos", "unas".

Notar que hablamos de sustantivo, no directamente de nombres, por ello, se usan también en expresiones del tipo:

<u>**El otro**</u> **llamó a un policía.**

Salvo en algunas regiones, grupos o situaciones, no suele anteponerse a nombres propios ("la Juana", "el Perico"), aunque no hay que confundir con nombres propios que se construyen con el artículo incluido (que se escribe comenzando por mayúsculas), como "La Habana" o "La Rioja".

Átona

Es la vocal, sílaba o palabra que se pronuncian sin acento prosódico.

Papel → "a" (como vocal) y "pa" (como sílaba) son átonas.

El, la → Palabras átonas, como el resto de artículos determinados.

Causativo

Se dice que un verbo tiene valor o sentido causativo cuando no es el sujeto de la oración quien realiza directamente la acción.

En general, se trata de que el sujeto encarga u ordena que se haga la acción de forma implícita, aunque, por la forma de construirse, se diría que ha sido él mismo el que la ha realizado. Quizá, lo más sencillo sea verlo en un par de ejemplos.

Ejemplo:

**Me he construido una casa
(por "he mandado construir una casa para mí").**

**Durante su mandato, el anterior alcalde
derribó tres edificios en ruinas.**

Complemento

Palabra o grupo de palabras que depende sintácticamente (ver "sintaxis") de otro elemento de la oración.

> **1. Complemento agente:** el que, en una oración pasiva (ver "oración pasiva"), empieza por la preposición "por" e indica quién o qué realiza realmente la acción a la que se refiere el verbo.

Ejemplo:

El premio fue conseguido <u>por el mejor de todos</u>. El complemento agente es "el mejor de todos", que es el que ha conseguido el premio; el que realiza la acción.

El niño fue golpeado <u>por su madre</u>.

> **2. Complemento circunstancial:** se trata de una aclaración al verbo, no imprescindible para la correcta construcción de la frase, que indica en qué circunstancias (lugar, modo, tiempo, medio, cantidad, causa…) se produce la acción.

Ejemplos:

> Llovía intensamente <u>en la zona más montañosa.</u>
>
> Estuvimos sin comer <u>hasta bien entrada la noche.</u>

3. **Complemento de régimen:** a diferencia del anterior, es necesario para que la frase tenga sentido o no cambie su significado. Va encabezado siempre por una preposición.

Ejemplos:

> Nunca se conformaba <u>con lo que tenía.</u>
>
> Siempre obligaba <u>a hablarle con respeto.</u>

4. **Complemento directo:** afecta directamente a la acción del verbo y está exigido por este. La frase difícilmente tendría sentido sin él. Salvo excepciones, en las que se construye con "a", se construye sin preposición.

En la oración pasiva, ejerce la función de sujeto: "<u>El niño</u> fue golpeado por su madre".

Se puede sustituir por por "lo", "la", "los", "las".

Ejemplos:

> Han estado viendo <u>la nueva televisión</u> /<u>La</u> han estado viendo
>
> Homenajeé <u>a mis padres</u> /<u>Los</u> homenajeé

5. **Complemento indirecto:** dicho en pocas y sencillas palabras, se podría decir que se corresponde con el destinatario de la acción del sujeto.

Ejemplo:

**Le regalaron un reloj / regalaron un reloj
a Juan /le regalaron un reloj a él**

Ante la duda entre el complemento directo e indirecto, podemos convertir la oración en pasiva. Si es un complemento directo, pasará a ser el sujeto; si es complemento indirecto, no lo hará.

Homenajeé a mis padres / Mis padres fueron homenajeados por mí ✕ "mis padres" es complemento directo.

Regalaron un reloj a Juan / Un reloj fue regalado a Juan por ellos ✕ "Juan" es complemento indirecto porque no se transforma en el sujeto de la oración pasiva,

Conector (oracional)

Palabra o expresión que enlaza oraciones o enunciados, relacionándolas por causa, oposición, similitud, etc.

Ejemplos:

Efectivamente

A pesar de ello

Sin embargo

No obstante

Conjugación

Conjunto de todas las formas de un verbo, correspondientes a los distintos modos, tiempos, números y personas.

También se refiere a los tres grupos en los que se dividen los verbos, según la terminación de su infinitivo, en "ar", "er" o "ir", correspondiendo, respectivamente, a la primera, segunda y tercera conjugaciones.

Conjunción

Es una palabra o expresión invariable que enlaza, introduce o une oraciones o vocablos. Por poner algunos ejemplos, serían conjunciones: "pero", "sino", "aunque", "así que", "conque", "que", "y", "o", "ni", etc.

Contracción

Proceso por el que se unen dos palabras en una sola, como "del" o "al". También por el que una palabra se convierte en abreviatura por la eliminación de algunas letras: "admon." por "administración".

Desinencia

Es la terminación que se añade a la raíz de una palabra y que dota a esta de información.

Por ejemplo, en el caso de "molestaba", la desinencia sería "aba", que indica el tiempo, número y persona del verbo.

Diacrítico (acento, tilde…)

Dicho de un signo ortográfico en particular, se denominará así cuando se utilice para dar a una letra o palabra un valor que haga que se distinga de las demás.

En el caso más frecuente, la tilde, se dirá tilde diacrítica cuando se ponga para distinguir dos palabras que se escriben igual. Es decir, la palabra no debería llevar tilde según las reglas básicas para su uso, pero se pone para poder diferenciarla de otra.

Ejemplos:

Son tildes diacríticas las de las palabras:

Más / mas

Cuánto / cuanto

Te / té

NO son tildes diacríticas (se ponen porque cumplen la regla de uso de la tilde o acento gráfico):

× **Lápiz**

× **Único**

× **Camión**

Dígrafo

Son aquellos signos ortográficos compuestos por más de una letra. En español: "ll", "ch", "qu" y "gu" (los dos últimos, cuando preceden a "e" o "i"). En lenguaje vulgar, podría decirse que es cuando dos o más letras se comportan, a todos los efectos, como una sola:

Ejemplos:

Llama

Echar

Querencia

Águila

Hasta hace unos pocos años, incluso, se consideraban como letras en todos los sentidos la "che" (ch) y la "elle" (ll).

Diptongo

Es cuando dos vocales consecutivas se encuentran en una sola sílaba, siendo al menos una de ellas débil, pues, de no serlo, nunca sería una sola sílaba. Esto último se debe a que la unión de vocales fuertes (a, e, o) siempre forman dos sílabas.

Ejemplos:

- Son diptongos:

Feria (Fe-ria)

Fuimos (Fui-mos) ✗ Al ser dos vocales débiles, el acento no destruye el diptongo.

Viene (Vie-ne) ✗ El acento en la vocal fuerte no destruye el diptongo (siguen formando una sola sílaba).

- NO son diptongos:

✗ **Había (ha-bí-a)** ✗ El acento en la vocal débil destruye el diptongo.

✗ **Reactivo (re-ac-ti-vo)** ✗ Dos vocales fuertes no forman una misma sílaba.

La "h" intercalada no se tiene en cuenta, por ejemplo, "des**ahu**ciar" tiene diptongo.

Disemia

(Ver "polisemia"). Palabras que se escriben exactamente igual y tienen dos significados distintos.

Elidir

- En primer lugar, acción de unir dos palabras, eliminando la última vocal de la primera y la inicial de la segunda cuando estas coinciden.

Ejemplos:

> **Decimoctavo** (de "décimo" + "octavo"),
> palabra correcta.

> ✗ **D´esta** o **desta** (de "de" + "esta"),
> vulgarismo no admitido.

- También se aplica cuando se omite algún elemento de la oración o enunciado sin que ello provoque que se pueda no comprender la frase o su intención ni se contradigan las reglas gramaticales.

Ejemplo:

> **Yo llevaré la comida; tú** [llevarás] **la bebida;
> él** [llevará] **algo de aperitivo.**

Elipsis o elisión

Efecto de elidir.

Esdrújula

Palabra que lleva el acento prosódico (ver "acento") en la antepenúltima sílaba, como por ejemplo: "último", "retráctate".

Étimo

Palabra de la que procede otra históricamente.

Etimología

Origen de una palabra.

Eufemismo

Se denomina así a una palabra o expresión que procede o sustituye a otra que se considera malsonante, ofensiva o políticamente incorrecta. Existen eufemismos que sustituyen directamente, como "pompis" por "culo" o "muchacho de color" por "negro".

Otra forma de eufemismo es el cambio de palabras por otras parecidas fonéticamente, pero que carecen del significado malsonante o irreverente, como serían las expresiones "me cachis en la mar" en lugar de... si no lo sabes, pregunta por ahí, que no es plan de que aparezcan blasfemias en un manual como este.

Galicismo

Palabra o expresión que procede del francés, como por ejemplo, "bricolaje".

Género

Rasgo propio de sustantivos por el que se dividen en masculinos y femeninos.

Adoptan también el género los determinantes y adjetivos que los acompañan o los pronombres que los sustituyen.

El artículo y algunos pronombres también tienen género neutro, como por ejemplo, "lo", "esto", "eso" o "aquello".

Gentilicio

Ver adjetivos.

Gerundio

Forma invariable del verbo que termina en "ando" en los verbos de la primera conjugación ("am**ando**", "salt**ando**") y en "iendo" o "yendo" en los de la segunda y tercera ("com**iendo**", "le**yendo**", "vivi**endo**"). Expresa la acción verbal en su desarrollo, sin indicación de tiempo, número ni persona, y se asimila generalmente al adverbio en su funcionamiento gramatical.

Heteronimia

Ocurre cuando la denominación de cualquier tipo de seres tiene una raíz distinta para el masculino que para el femenino, por ejemplo, vaca / toro, caballo / yegua, etc. Cada una de las palabras que forman la heteronimia se denomina **heterónimo**.

Homófona

Se denomina homófona a una palabra o expresión que se pronuncia igual que otra pero de escriben de distinta manera: "vaca / baca", "valla / baya", "jira / gira", "a cavarlo / acabarlo".

Hiato

Es la secuencia de dos vocales que forman dos sílabas, es decir, que no forman diptongo.

Las causas de la existencia de un hiato pueden ser:

- Las dos vocales son fuertes: "a", "e" o "o"
- Una vocal es débil ("i" o "u") y la otra fuerte, y la acentuación en la débil rompe el diptongo.

Ejemplos:

Son hiatos:

Había (ha-bí-a) → El acento en la vocal débil destruye el diptongo.

Reactivo (re-ac-ti-vo) → Dos vocales fuertes no forman una misma sílaba.

NO son hiatos:

× **Feria (Fe-ria)**

× **Fuimos (Fui-mos)** → Al ser dos vocales débiles, el acento no destruye el diptongo.

× **Viene (Vie-ne)** → El acento en la vocal fuerte no destruye el diptongo (siguen formando una sola sílaba).

La "h" intercalada no se tiene en cuenta, por ejemplo, "b**úho**" es un hiato porque, de no estar acentuada la "u", formaría diptongo.

Infinitivo

Forma invariable del verbo, con el que se suele nombrar a este. Así, nos referimos a los verbos "ir" o "comer" siempre en infinitivo. Pertenecen a la primera, segunda o tercera conjugación cuando acaban respectivamente en "ar" ("hablar"), "er" ("comer") o "ir" ("dormir").

Interjección

Palabra, que puede tener contenido de forma aislada, con la que expresamos sentimientos o sensaciones, o solicita una acción al receptor del mensaje.

Lo más usual es que aparezca entre signos de exclamación: "¡ay!", "¡ah!", "¡cielos!", "¡ea!", "¡venga!", "¡vamos!".

También son interjecciones las fórmulas de saludo y despedida: "¡hola!", "¡adiós!"

Interrogación retórica (pregunta retórica)

Es aquella que lleva en sí misma una afirmación y que no espera respuesta. La mejor forma de entenderlo es con ejemplos:

¿De verdad crees que voy a hacerte caso?

¿Estás loco?

¿No te parece que te estás pasando de la raya?

Llana

Palabra que lleva el acento prosódico (ver "acento") en la penúltima sílaba, como por ejemplo: "Lápiz", "retoque".

Locución

Se denomina así al conjunto de dos o más palabras que funciona como una unidad léxica con significado propio (como una palabra, por decirlo de alguna manera).

El significado de una locución no tiene que ver con la suma de los significados de las palabras que la componen, teniendo, en ocasiones, un sentido figurado.

Las locuciones pueden dividirse en:

- **Locución adjetiva.** La que funciona como un adjetivo: "Una receta **de chuparse los dedos**", "Una mentira **como una casa**".

- **Locución adverbial.** La que funciona como un adverbio: "Lo trajo **en volandas**; "Se puso enfermo **de repente**".

- **Locución conjuntiva.** La que funciona como una conjunción: "**Por lo tanto**", "**Así que**".

- **Locución determinativa.** La que funciona como un adjetivo determinativo: "Bebía **alguna que otra** cerveza".

- **Locución interjectiva.** La que funciona como una interjección: "**¡Dios santo!**", "**¡Madre del amor hermoso!**", "**¡Ni lo sueñes!** "

- **Locución nominal.** La que equivale a un sustantivo: "**Caja de música**", "**Máquina de coser**".

- **Locución preposicional.** La que funciona como preposición: "Nunca escuché hablar **acerca de** tu libro", "Te esperé **a pesar de** lo tarde que era".

- **Locución pronominal.** La que equivale a un pronombre: "Decía que no probaba la cerveza, pero se bebía **alguna que otra** a escondidas". Hay que diferenciar, como en el caso de adjetivos y pronombres, cuándo una palabra actúa como adjetivo ("se bebió **alguna** cerveza") de cuando actúa como pronombre ("se bebió **alguna**").

- **Locución verbal.** La que equivale a un verbo: "**Corren malos tiempos** para el pequeño comercio", "El otro día, me **dejó plantado** mi mejor amigo".

Como se ha indicado al principio, las palabras que forman una locución no dan significado a esta de forma individual, así, "correr malos tiempos" no tiene sentido analizando el significado de cada una de las palabras por separado.

Metátesis

Cambio de lugar de un sonido dentro de una palabra. Por ejemplo: "Grabiel" por "Gabriel" o "cocreta" por "croqueta".

Monoptongación

Reducción de las dos vocales de un diptongo a una sola. Ejemplos: "trenta" por "treinta" o "fregaplatos" por "friegaplatos", "apreto" por "aprieto", etc.

Morfema

Unidad mínima analizable dotada de significado (léxico o gramatical). Son morfemas los prefijos y sufijos, las desinencias (ver "desinencia") y las raíces de las palabras.

Morfología

Disciplina lingüística que estudia la estructura interna de las palabras y sus variaciones.

Neologismo

Expresión o palabras nuevas en una lengua.

Pueden formarse de muchas maneras, entre ellas:

- Adaptación de otra lengua: "fútbol", "güisqui".
- Unión de palabras: "fibra óptica", "teléfono móvil".
- Uso de prefijos o sufijos: "televisión".
- Por similitud (metáfora): "diente" (de serrucho).

- Por onomatopeya: "mugir", "chirrido".

- Palabra compuesta: "pararrayos", "cortacésped"

Nombre

Palabra que designa personas, animales o cosas y puede funcionar como núcleo del sujeto. Equivale a "sustantivo".

Existen distintos tipos de nombres (un nombre puede pertenecer a más de una de las categorías):

- **Abstracto.** No designa una realidad material o tangible, como "aptitud" o "rapidez".

- **Colectivo.** El que en singular designa un conjunto homogéneo de personas, animales o cosas, como "gente", "grupo", "vajilla".

- **Común o apelativo.** Lo opuesto a nombre propio, el que posee significado y designa una cualquiera de las personas, animales o cosas de una misma clase, categoría o cualquier forma de agrupar, como "animal", "poesía" o "vegetal".

- **Concreto.** En contraposición al abstracto, el que designa seres u objetos que tienen existencia real, física o material, como "vaca", "coche", o "lápiz".

- **Contable.** El que designa aquello que se puede contar, como "bolígrafo", "moto", "semana".

- **De acción.** El que designa una acción. Suelen ser sustantivos derivados de un verbo, como "movimiento" (de "mover") o "arrendamiento" (de "arrendar").

- **Incontable** o **no contable.** El que designa sustancias, materias y otros conceptos que no se pueden contar, como "viento", "lluvia" o "belleza".

- **Nombre propio.** El que carece de significado y sirve para nombrar, individualmente, a las personas, animales o cosas, diferenciando a unos de otros: "Madrid", "José" o "República Dominicana".

Numeral

Palabra que expresa una cantidad numérica o hace referencia a un número o números, como "cuatro", "vigesimoprimero", "decimoctavo".

Onomatopeya

Se trata de una palabra que representa un sonido, intentando imitarlo.

Muchas de ellas son palabras aceptadas y correctas, como "tictac", "miau", "clic", "mu", "pum", "quiquiriquí", etc.

Es un recurso muy útil al escribir, aun en los casos en los que no exista como palabra; siempre que no se abuse de él y se comprenda bien a qué se refiere:

> **Todavía tenía en mente el recuerdo del televisor cayendo y el inconfundible "¡crash!" nada más tocar el suelo.**

Oración

Aunque antiguamente se definía como la expresión formada por un sujeto más un predicado ([Amanda]+ [{besó} a su madre]), en la actualidad, se considera oración la palabra o conjunto de palabras con que se expresa un sentido gramatical completo. De esta forma, por ejemplo, la interjección "¡Vamos!" constituye por sí misma una oración.

Notar que existen muchos tipos de oración (hasta treinta y seis), que pueden ser consultados en manuales o sitios web más especializados.

Oración pasiva

Es aquella en el que el sujeto no es el que realiza la acción, sino el que la recibe, sufre, etc.

Suelen estar formadas por:

> SUJETO + verbo SER + PARTICIPIO + "por" + COMPLEMENTO (el receptor de la acción).

Ejemplos:

> **El hombre ha sido mordido por un perro** → El que ha mordido es un perro.
>
> **Los chiquillos fueron castigados por su profesor** → Es el profesor el que realiza la acción de castigar.

Palíndromo

Se incluye este término más por lo curioso que porque se use demasiado.

Se denominan así las palabras, frases o números que se leen igual (salvo por las tildes y los espacios) de izquierda a derecha que a la inversa. En el caso de números se suelen llamar "capicúas".

Dábale arroz a la zorra el abad

Yo hago yoga hoy

La ruta nos aportó otro paso natural

Participio

Forma verbal no personal, que puede recibir marcas de género y número. En los verbos regulares terminan en "do", "dos", "da", "das": "amadas", "comido", "sentados", etc.

El participio puede asimilarse, en su funcionamiento, al adjetivo: "Hace lo que sea por la mujer **amada**" (implícitamente, viene a decir "que es amada").

Perífrasis

Expresión que usa varias palabras para expresar aquello que podría decirse con una o menos palabras.

En sentido retórico, la perífrasis (o "**circunloquio**") sería un rodeo con intención de adornar un concepto: "la ciudad eterna" por "Roma" o "el rey de la selva" por "león".

La **perífrasis verbal** es la unión de dos verbos que funcionan conjuntamente como núcleo del predicado: "El vecino **sigue haciendo** ruido", "**Tenemos que rehacer** el informe".

Polisemia

Se dice que existe polisemia cuando una misma palabra tiene dos o más significados distintos. Para ello, no debe existir ninguna diferencia a la hora de escribirla.

El hecho de que dos palabras se pronuncien igual no indica polisemia si no se escriben también de idéntica manera: "ola" y "Hola" no son polisémicas.

Tampoco existe polisemia en el caso de palabras con acento (o no) diacrítico: "cuál" y "cual" no se escriben igual, por lo que no se trata de polisemia.

Por último, no se incluyen en la definición las conjugaciones verbales: "descanso", del verbo "descansar"; "coma", del verbo "comer"; etc.

Ejemplos:

Cabo → accidente geográfico, escalafón militar o cada uno de los extremos de una cuerda.

Gato → animal o herramienta elevadora (entre otros).

Posesivo

Son posesivos los adjetivos y pronombres que denotan pertenencia. Son "mi", "tu"," su", "mío"," tuyo", "suyo", "cuyo", y sus variantes.

Predicado

Parte de la oración que predica algo del sujeto (ver "sujeto").

El núcleo del predicado es generalmente un verbo que concuerda con el núcleo del sujeto ("El hombre del traje gris **mira un viejo calendario**"), aunque hay oraciones que tienen predicados no verbales, como por ejemplo "¡muy aburrida tu novela!", cuyo predicado es "muy aburrida".

Prefijo

Morfema (ver "morfema") que se añade al principio de una palabra o una raíz, alterando o enriqueciendo su significado: "**in**inteligible", "**des**aseado", "**contra**puesto".

Preposición

Palabra invariable (no admite prefijos, sufijos ni desinencias) que se utiliza para introducir un sustantivo o un grupo nominal (llamado "término de preposición") con el que forma un complemento que depende sintácticamente de otro elemento del enunciado.

En el español actual: a, ante, bajo, con, contra, de, desde, durante, en, entre, hacia, hasta, mediante, para, por, según, sin, sobre, tras.

También son preposiciones, aunque de uso menos frecuente, "pro" ("Yo soy pro abolición de las corridas de toros") y "vía" ("Para ir a Dallas hay que volar vía Londres").

Pronombre

Dicho muy simplemente, un pronombre es una palabra que funciona como un sustantivo, pero que carece de contenido léxico propio, es decir, necesita que digamos a qué nos referimos, dentro de la propia frase, en otras frases o a través del contexto.

La vida es corta, así que hay que disfrutar, porque solo tenemos <u>esta</u>.

Le compré un libro a Juan, pero creo que a él no le gusta leer.

En el ejemplo, sabemos que "esta" se refiere a la vida porque se menciona con antelación, y "él" es Juan.

Los pronombres pueden necesitar un verbo al que preceden ("**me** caí en la zanja") o ponerse después del verbo y unido a él ("haz**lo** sin dudar").

Otros ejemplos serían "yo", tú", "ustedes", "te", "se", "nos", etc.

Raíz

Morfema (ver "morfema") que en la palabra porta el significado léxico básico y es común a las demás palabras de su misma familia.

Por ejemplo, la raíz de "niño, niñas, niñera, niñería, etc." es "niñ".

En ocasiones, la raíz no se mantiene exactamente igual en todas las palabras que se derivan de ella, como "año", "anual", "añejo", "anualidad".

Reflexiva

Se dice de la oración cuya acción recae sobre el sujeto que la realiza:

Me he hecho [a mí mismo] **macarrones de comida.**

El hombre se tiró [a él mismo] **toda la pintura encima.**

Semántico

Relativo al significado de las palabras.

Un error semántico, por ejemplo, sería:

✗ **Le <u>atestó</u> un golpe con la vara.**

La frase está bien construida y no tiene faltas de ortografía, pero se trata de un error semántico porque se ha usado el verbo "atestar" (entre otros significados meter algo en un lugar hueco apretando o llenar un espacio con un excesivo número de personas). En ese contexto, el verbo a usar, el correcto semánticamente, sería "asestar":

Le <u>asestó</u> un golpe con la vara.

<u>Sigla</u>

Ver el apartado correspondiente en el capítulo de "un poco de todo".

<u>Sílaba</u>

Es cada una de las divisiones fonológicas en las que se puede dividir una palabra.

Dependiendo de ciertas características podemos distinguir:

- **Sílabas átonas/tónicas.** Según se pronuncien o no con más fuerza que el resto de las que componen la palabra. En español, todas las palabras tienen al menos una sílaba tónica, que coinciden, en las que solo tienen una, con la sílaba que contiene la vocal acentuada (hablamos de vocal acentuada, lleve o no tilde):

    An-sie-<u>dad</u> → son átonas "an" y "sie", y tónica "dad"

    Be-ne-<u>plá</u>-ci-to → son átonas "be", "ne", "ci" y "to", y tónica "plá"

En-tre-na-mien-to → son átonas "en", "tre", "na" y "to", y tónica "mien"

No es habitual que una palabra tenga más de una sílaba tónica, salvo, por ejemplo, los adverbios terminados en "mente":

Pa-cí-fi-ca-men-te → son átonas "pa", "fi", "ca" y "te", y tónicas "cí" y "men"

- **Sílabas abiertas/cerradas**. Una sílaba se llama "abierta" si acaba en vocal y se llama "cerrada" o "trabada" si acaba en consonante. Este aspecto es importante para, aunque no sea el objeto de este manual, estudiar la distinta pronunciación según el país de habla hispana.

Sinónimo

Son sinónimas aquellas palabras o expresiones que, aun siendo distintas, tienen el mismo significado, como "comprar" y "adquirir" o "barco" y "buque".

Sintaxis

Por definirlo de una manera poco académica, pero comprensible, se podría decir que es el estudio de la forma en que se relacionan las palabras dentro de una frase o conjunto de frases. De esta forma, un estudio sintáctico de la frase nos proporcionará el significado de la misma según la forma en la que están colocadas y utilizadas las palabras que la forman.

Igualmente, se hablará de que una frase es sintácticamente correcta o incorrecta según tenga sentido o no cómo se hayan distribuido las palabras y las concordancias de estas respecto al género, numero o tiempo verbal.

Por ejemplo, la siguiente frase no es sintácticamente correcta:

✗ **La niño no me trajo los flores a nosotras**

No hay concordancia entre género y número.

Sobresdrújula

Palabra que lleva el acento prosódico (ver "acento") más allá de la antepenúltima sílaba, como por ejemplo: "retócamelo", "súbesela".

Sufijo

Morfema (ver "morfema") que se pone tras la raíz de la palabra para formar derivados o aportar matices al significado (sería el caso de aumentativos o diminutivos):

"Pian**ista**", "cuerp**azo**", "niñ**ito**".

Sujeto

Función sintáctica que ejercen la palabra o grupo de palabras de cuyo referente se predica algo. Es, con el predicado (ver "predicado"), el otro constituyente fundamental de la oración e impone al verbo la concordancia en número y persona.

Es importante <u>tu opinión</u>.

<u>Esa</u> es mi casa,

<u>Mis amigos</u> son los más divertidos.

Se diferencia entre sujeto agente o paciente según sea el que realiza o recibe la acción.

- Sujeto agente: **El marinero** golpeó la mesa.
- Sujeto paciente: **La mejor novela** fue leída en primer lugar.

Sustantivo

Ver "nombre".

Tilde

(Ver "acento gráfico")

Acento gráfico. También símbolo que se pone sobre la "n" para formar la "ñ" o cualquier otro que se sirva para distinguir una letra de otra.

Tónica

Referida a vocal, sílaba o palabra, que tiene acento prosódico:

Referencia → la tercera "e" y la sílaba "ren" son tónicas.

"Un" y el resto de artículos indeterminados son palabras tónicas.

Triptongo

Es la unión de tres vocales en una misma sílaba. Siempre lo formarán dos vocales débiles y una fuerte, en el orden:

> vocal débil + vocal fuerte + vocal débil.

El triptongo se rompe cuando una de las vocales débiles va acentuada, en cuyo caso, se convierte en hiato + diptongo o diptongo + hiato.

Ejemplos:

Son triptongos:

Sem<u>iau</u>tomático (se-m<u>iau</u>-to-má-ti-co)

Aprem<u>iái</u>s (a-pre-m<u>iái</u>s)

NO es triptongo:

✗ **Comíais (comí-ais)** → El acento rompe el triptongo, quedando vocal débil + diptongo

La "h" intercalada no se tiene en cuenta, por ejemplo, "n**ahua**" tiene triptongo.

<u>Vocal débil</u>

O también "cerradas", son aquellas vocales que pueden formar diptongos cuando son átonas y van junto a una vocal fuerte. Son vocales débiles "i" y "u".

<u>Vocal fuerte</u>

O también "abiertas", son aquellas vocales que tienen un grado de abertura mayor: "a", "e" y "o".

<u>Vocativo</u>

Palabra o grupo de palabras que hacen referencia al interlocutor y se emplean para llamarlo o dirigirse directamente a él.

¡Acaba ya, hombre!

¿Cómo estás, hijo?

**Pienso, Pedro, que no te has
comportado bien.**

Como podrá observarse, el vocativo se pone siempre entre comas.

Yuxtaposición

Se trata de la unión de palabras, grupos u oraciones, siempre del mismo nivel sintáctico, que se relacionan solo con una pausa o signo de puntuación (nunca, por ejemplo, con conjunciones).

**Se acercó lentamente;
hasta casi rozarla; por la espalda; sabiendo
que se daría un tremendo susto.**

**No paró de beber, tampoco de reír,
entre trago y trago.**

Conclusión, fuentes de consulta y agradecimientos

Si has llegado hasta aquí (espero que no directamente, sin leer nada del contenido), es porque tienes interés en escribir mejor o dudas que espero haber ayudado a resolver.

No se trata de aprenderse de memoria todo el contenido de este manual, sino que debe servir como texto de consulta o para aprender de esos sencillos trucos que nos explican por qué se escribe de cierta manera una palabra o nos ayudan a recordar cuándo se escribe así o cuándo no.

Además del trabajo de recopilación que comenzó hace años, han servido de mucha ayuda las preguntas y sugerencias de un gran número de amigos anónimos que han ido dejando sus comentarios y dudas en el blog. Muchas gracias a todos por eso y por enseñarme que somos muchos los que luchamos por escribir bien y mimar ese gran idioma que es el español, que nos une a tantos millones de hispanohablantes.

Agradecer también la aportación de quienes, desinteresadamente, cuelgan en Internet consejos y trucos que me han ido ayudando a lo largo de estos años.

Y, cómo no, agradecer la labor de preservación del idioma que realiza la Real Academia Española de la Lengua, muy criticada por su lentitud a la hora de adaptarse a los tiempos, pero que ha logrado reglar y cohesionar el idioma. Han sido un irreemplazable instrumento de consulta tanto el Diccionario de la lengua como el panhispánico de dudas.

Páginas web

Mi blog de ortografía (aquí podéis dejar vuestros comentarios y sugerencias):

> http://reglas-escritura.blogspot.com.es/

Wikilengua:

> http://www.wikilengua.org/index.php/Portada

Wikcionario:

> http://es.wiktionary.org/wiki/Wikcionario:Portada

Curiosidades de la Lengua Española:

> http://www.curiosidario.es/

Diccionario de la RAE:

> http://www.rae.es/rae.html

Diccionario panhispánico de dudas:

> http://lema.rae.es/dpd/

CONSULTA EN PAPEL

Podré ser un romántico, pero guardo como oro en paño mis ejemplares del Diccionario de la lengua española, el Diccionario panhispánico de dudas y la Ortografía de la lengua española.

También me ayudó en su día, para aprender más sobre la puntuación, el libro Perdón imposible, de José Antonio Millán. Muy recomendable por su variedad de ejemplos y facilidad de comprensión.

Por último (esta vez, sí), recomendar contrastar lo que se encuentre en Internet. Es una fuente inmensa de conocimiento, pero no todo lo que leamos allí tiene garantías de ser cierto o exacto.